日本人が知らない世界と日本の見方

本当の国際政治学とは

中西輝政

PHP文庫

○本表紙図柄＝ロゼッタ・ストーン（大英博物館蔵）
○本表紙デザイン＋紋章＝上田晃郷

【本書について】

本書は、二〇〇八年に行われた京都大学総合人間学部での中西輝政先生の国際政治学の講義をまとめたものです。長年にわたり国際政治学、外交・文明論の観点から日本人を啓発されてきた先生のお話は、社会人を含めて聴講希望者が多く、講義録を求める声が多数寄せられました。そのため、このたび単行本のかたちで発刊することを中西先生にご了解いただき、一冊の本に編集することにいたしました。この場をお借りして、中西先生をはじめ、京都大学の皆様に厚く御礼を申し上げます

（講義録の文責はＰＨＰ研究所・学芸出版部にあります）。

ＰＨＰ研究所・学芸出版部

まえがき

本書は、私が京都大学で二〇〇八年の前期（四月―七月）に「現代国際政治」という名称で行なった講義をまとめたものです。

この講義は、いわば国際政治学の入門にあたるもので、一年生から四年生まで幅広い受講者を対象としたものでした。それゆえ、専門的な話は後期に予定していた「国際政治理論」という授業に回すことにして、前期にはその導入として国際政治に関するごく一般的な話題を取り上げ、受講生の関心を掘り起こすことを優先しています。

ですから、けっして体系的な構成を意識せず、学生諸君の反応を見ながら、関心の強い問題に自在に話題を展開してゆくことを心がけた授業にしました。そのため、時には話があちこちに交錯したときもあり、自分としては、この授業はもしかしたら、まとまりのないものになったのでは、と思っていました。

ところが、かえってそれが若い学生諸君だけでなく、多くの社会人聴講者にも好評で、その後も講義録を求める声が多数寄せられました。たまたまこの年は、私の研究室に属する大学院生がしっかりとした講義の記録をとっておいてくれたので、かなり忠実な講義録をつくることができました。そのおかげで、本書の出版が可能になったわけです。

二〇〇八年の前期の講義なので、リーマン・ショック（同年九月）や「アラブの春」と呼ばれたエジプトの「ツイッター革命」（二〇一一年一月）、そして東日本大震災（同年三月）などの起こる前のことです。それでも、随所にそのことの予言とはいきませんが、何かしらの徴候、あるいはそのとき日本が直面するであろう苦境の予感のようなものが滲《にじ》み出ているのではないか、と思います。

最近、この講義録をご覧になったPHP研究所の編集部の方も、そのような評価をしてくださり、ぜひすぐにでも出版するようにと勧めていただきました。講義録という性格上、当然ながら話し言葉で、専門的には、文章として自分ながら意を尽くしかねている箇所もあるのですが、あえてそのままにして、あの年の講義の雰囲気を残すことにしました。

国際政治学という学問は「大人の学問」です。

それは、すでに総合的な知識を持っているとか、世界の現状や社会の仕組みを知っているということではなく、「人間」というものを肌身でわかっていてはじめて深く理解できる学問だ、ということです。その点で、社会経験に乏しい二十歳代の若い学生諸君の関心を起こさせることには、いつも苦労してきました。

それでも、どこにでもある教科書的な話をするのではなく、何とかして国際政治というものの本質的な矛盾と葛藤、あるいはジレンマに満ちた実態を体感できるようにしたい。その思いが、この年の講義ではとくに強かったので、さまざまな関連する話題を渉猟《しょうりょう》し、時には挑発的に話をしました。ところが、意外なことにそれが好評を得たわけです。思い入れや情熱というものの大切さを、この歳になって改めて感じているところです。

また、この年ぐらいから「ゆとり世代」の学生が多くなり、大切な歴史を学んでこなかった若者を強く意識し、「現代」国際政治と銘《めい》打っているのに歴史の話題をとりわけ多く盛り込んで話すことにしました。

これは私の国際政治学への「歴史的アプローチ」という専門的な見地とも合致するものであり、それが若者や社会人の年長者にもよりよく理解されたことは、学者としても喜ばしいことでした。「大人の学問」を学ぶ一番よい方法は、やはり「歴史から学ぶ」ということなのでしょう。

最後に、本書のもとになった講義録の作成に協力してくれた大学院の伊丹明彦君、本書の出版をお勧めいただいたPHP研究所の白地利成氏と豊田絵美子さんに心より感謝いたします。

平成二十三年八月

中西輝政

日本人が知らない世界と日本の見方◎目次

第二講　地上のどこにもない場所

第三講

幻滅の二十世紀

第四講　アングロサクソンとは何か

第五講　「一超多強」の世界

第六講

日本文明が生き残るために

はじめに　世界と日本の末期症状

まずここにいる皆さんに、国際政治という学問がどのように発展してきたかについて、お話ししたいと思います。そこでまず、国際政治を学ぶ人に申し上げたいのは、国際ニュースを見て、世界各国で起こる出来事に敏感であってほしいということです。とくに日々のニュースソースに注意してください。

どういうソースからニュースを手に入れるかは、いろいろ試しながら「これはいい、これはダメ」「この部分は客観的だけれども、こういう視点は偏向している」などと判断する眼を養ってください。

メディアには「癖」があります。日本の大新聞でいえば、たとえば『朝日新聞』は国際ニュースについては信頼できるけれど、こと中国に関してはちょっと信頼できません。あるいは産経、読売は真ん中から右側の保守、または中道保守、朝日、毎日は真ん中から完全に左側です。そうした偏りがある中、国際面のニュースを正確に読み取るのは実はなかなか難しい、ということは覚えておいてください。

インターネットも、ニュースソースとして重要です。スピード性があるし、いろいろな小さなニュースが集められる。ただし、ニュースの重要性が見えにくくなるという問題があります。逆に新聞の大きな効用は、一番大事なニュースを一面トップで大きな見出しで取り上げている点です。ですから新聞は、やはり読んでくださ い。

なかには、新聞もインターネットも見ない、ニュースはテレビだけという人もいるでしょう。しかしテレビのニュースは、ほとんど信頼性がないと思ったほうがよい。ニュースの中身、分析、意味づけという点で、非常に確実性が低い。インターネットの信頼できるサイトでもいいし、新聞でもいいし、メールマガジンでもいい。何でもいいから、テレビ以外からニュースを集めるようにしてください。

さまざまなメディアに触れていると、時に大きなニュースが飛び込んできます。たとえば原油の一バレル当たりの価格が、昨日一三〇ドルだったものが今日は一三五ドルと、五ドルも急騰したとする。ここから何が考えられるかというと、この状態が進めば、世界経済は間違いなく破壊されるということです。つまり、その前に必ず、何かが起こります。たとえば大幅な値崩れを起こす。あるいは産油国に軍事的脅しを使ってでも増産させる。増産に反対している産油国の政治家を暗殺したり、クーデターで失脚させるといったことも考えられます。石油市場に入っている投機マネーが一斉に引き揚げる金融パニックのような何かが起こる、ということもあり得ます。

いずれにしても、いまのように世界経済が末期的症状になれば、いずれ日本の経済も大打撃を受けます。大学生なら、就職活動にも直接、関わってくる話です。この先行きには十分注意して見ていてください。

つまり、現在（二〇〇八年五月）まさにこのような状況が起ころうとしているのです。必ず何か大きな変動が起こるでしょう。たとえば、原油価格や食料価格の高騰がこのままあと数カ月続けば、日本経済はクラッシュします。にもかかわらず日本国内では、誰も差し迫って危機感を唱えていません。首相官邸も何もいわず、メディアも大きく報じていない。これは「国民総無責任」といっていいでしょう。すでにあらゆるところで、日本政治は当事者能力を失って終末現象を迎えているかのようです。

大きなカタストロフィが来るか、ギリギリで気づいて立て直すか

若い勤労者の処遇も、たいへんに厳しくなっています。「長時間労働」や「低賃金」「名ばかり管理職」という話ばかりが聞こえてきます。リストラについても末期的な様相で、こんなことをしていたら日本経済の成長力そのものが落ちていきます。経営者も大損するのに、誰も訴える人がいないのでこのような状態を続けているのです。

これはリーダー層に、どのような国家運営をすべきかを考える能力と気力がないことを意味します。財政も危機的状況です。少し前までは「これは何とかしなければ」という声がありましたが、政争に明け暮れてすでにそうした声は消えました。これまた危機的状況で、いまの日本のような状況は長く続きません。いずれ大きなカタストロフィが来るか、ギリギリで気づいて〝血みどろ〟になって立て直しをするか、いま日本は戦後最大の曲がり角に差しかかっているといえるでしょう。

消費税も、現在の状態ではとてもやっていけません。倍の一〇パーセントにしたところで、もはや国家財政の再建には役立ちません。年金崩壊も起こってくるでし

ょう。「危機」と「破局」は違います。いま起きているのはまぎれもない「危機」です。これを放っておくと「破局」になるわけです。

若い人たちの中には、こうしたことに関心を向けてニュースを見ない人も多いので、さまざまな事例を挙げたのですが、実際、破局がどのような格好で来るかは私にもわかりません。しかし国際情勢、財政状況ともにかつてない危機的状況にあることは間違いありません。

つい最近（二〇〇八年五月）、もう一つ大きなニュースがありました。ヘンリー・ソコロスキーという核拡散問題について非常に信頼性の高いアメリカの学者が、「北朝鮮の核開発に対して、中国が恒常的に援助している。その動かぬ証拠がある」とアメリカ議会で証言したのです。これも『産経新聞』が国際面に比較的大きく載せた以外、日本のどの新聞もまったく小さな記事の扱いでした。重大な問題なのに、この国では、なぜそうなるのでしょうか。

あなたの生活や人生設計にも関わってくる

これらは、ほんの一例ですが、国際政治を勉強する人は、いろいろな意味でこのような国際面のニュースにいつも触れ合っておくことが大切です。国際政治はあなた方の生活や人生設計にも関わってきます。日本という国は情報武装をせず裸同然で国際政治に接しているようなところがありますから、自分で情報を取らないと、誰も助けてくれません。

たとえば、原油価格が一バレル一三五ドルになったらどうなるか。円高がこれ以上急激に進んだら、どうなるでしょうか。日本の大企業は本社も工場生産設備も外国へ移すでしょう。事実、こうした動きはいまや中小企業のあいだにまで広がっています。日本のような賃金の高い国では、とても経営が成り立ちません。なぜ、日本は円高を止められないのでしょうか。そこには国際政治も絡んできます。いずれにせよ、このまま日本のジリ貧構造が続けば、確実に国家の衰退がやってきます。これは過去の歴史を調べると、百年ほど前のイギリスと同じだとわかります。際限のない海外移転や国際化の結果としての大英帝国崩壊という歴史と重なっています。

「閉鎖空間」にある日本の新聞

こうした日々の世界の出来事やその意味するところを、最近の日本のマスコミはほとんど報じなくなりました。国内の問題を扱うだけで精一杯で、だからこそ、皆さんが自分で情報を手に入れる自分なりのやり方を身につけなければならない。

その際、大事なのはやはり語学です。最低限、英語のニュース・メディアにはいつも触れておいてください。アメリカやヨーロッパの有名な新聞には、インターネットで無料アクセスできるものもあります。アメリカの『ニューヨーク・タイムズ』『ワシントン・ポスト』、イギリスの『ガーディアン』『ザ・（ロンドン）タイムズ』『デイリー・テレグラフ』などが主なものです。また、まとまった解説や論説を載せる雑誌類も大切です。もっと詳しく知りたい人は、授業が終わった後で個別に質問しにきてください。

残念ながら、日本のマスコミ、つまり新聞やテレビは、国際情報については完全に「閉鎖空間」に入っています。私たちの若い頃は、日本のメディアは世界の問題にもっと関心を持っていた、と思います。それが消えてしまったのは、読者である私たちの意識の問題でもあるのです。

第一講——戦争の仕組み

世界史初の国家総力戦だった第一次世界大戦

では本題に入りますが、まず、国際政治学あるいは国際関係論という学問が、どのように生まれ、発展してきたかを歴史的に振り返って考えたいと思います。

これらはヨーロッパやアメリカなど先進国で始まった学問で、きっかけになったのは第一次世界大戦です。第一次世界大戦は本当にひどい戦争でした。日本は実質的には第一次世界大戦に加わらなかったのと同じで、これは大変幸せなことでした。もちろん形式的には日本は連合国の一員として、同盟国だったイギリスと一緒になってドイツと戦いましたが、アジアではあまり大きな戦いはありませんでした。

その一方、第一次世界大戦に日本が実質的に参戦しなかったことは、日本が国際社会に真に身を置かず、きわめて重要な歴史上の経験を世界の主要国と共有しなかったことでもあるわけです。実はこの点が、後の日本に大きな不幸をもたらします。歴史とは皮肉なもので、日本が第一次世界大戦に深くコミットしなかった結果、世界の歩みから大きく後れを取り、われわれは第二次世界大戦でとんでもない目に遭《あ》ってしまったのです。

第一次世界大戦は、世界史上初のいわゆる「国家総力戦」でした。かつて考えられなかった最新兵器が数多く投入され、それまでとは戦争の様相が一変しました。戦車や飛行機、毒ガスなど、核兵器以外のすべての大量破壊兵器が開発・使用され、それにより生じた人的犠牲は甚大なものでした。

また、「国家総力戦」ということのもう一つの意味は、「国家が国民を騙《だま》す戦争」ということです。戦意高揚のため、マスコミを利用して国民に虚偽の情報を植えつける。戦争の美談を捏造《ねつぞう》したり、あるいは負けているのに「勝っている」と報じる。いわゆる「大本営発表」ですが、これは第一次世界大戦中のイギリスで派手に行われ、戦後、大きな問題になりました。第二次世界大戦の日本は、単に第一次世界大戦時のイギリスの失敗を繰り返していたにすぎないのです。また国民の敵愾心《てきがいしん》を煽るため、敵国を「悪魔化《デイーモナイズ》」するような宣伝をやる。しかし、こうした戦時宣伝が度を過ぎると、戦後の平和にも甚大な被害を与えることにもなります。とくに敵国を悪しざまに非難する戦時宣伝が、戦後も長く対立感情を残し、本当の平和は実感できなくなる。一九二〇～三〇年代、ヨーロッパ各国の国民はこれに苦しみました。

「ソンムの戦い」の悲劇

第一次世界大戦中、イギリスやフランスの若者は西部戦線の塹壕《ざんごう》にこもり、まったく無能な戦争指導者による無謀な作戦によって毎日、何万人という単位で戦死していきました。塹壕でピーッと笛が鳴ると、何千人という兵士が土の中から出て、敵陣に向かって突撃する。しかしドイツ軍は機関銃で待ち構えており、突撃するイギリス兵やフランス兵を次々と撃ち倒す。そんな光景が延々と繰り広げられました。

一九一六年に「ソンムの戦い」という、ヨーロッパ人なら誰でも知っている戦いが北フランスの戦場で行われました。このソンムの戦いでは一日にイギリス軍の兵士が七万人、戦死したこともあるほどで、そうした兵士はほとんど無防備のまま、ただゆっくり歩いて敵陣に向かって突撃していったといいます。

おまけに連合軍の司令部は最前線で何が起こっているか、何も把握していませんでした。というか、兵士の損害を大して気にしていない。司令官は無能な軍人の集まりで、ただ「前線の被害が大きいらしい」と漠然と感じている。野戦病院もないまま、愚かな作戦を毎日繰り返したのです。

ソンムの戦いは四カ月続き、計三六万人ほどの兵士が命を落としました。ほとんどがイギリスの若者で、彼らは訓練も受けておらず、学校や工場から、そのまま戦場に連れていかれたのです。「お国のために」と愛国心に燃える若者たちが戦場に次々投入され、命を落としました。

もちろん、国家のために命を尽くすのは尊いことです。しかし戦争とは勝ち負けのあるものであり、司令官が無能であるかぎりにおいて、戦いの犠牲が「犬死に」となってしまう場合があることも、われわれはやはり知っておかなければならない。

実際イギリスやフランスは、第二次世界大戦よりもこの第一次世界大戦での戦死者のほうが多いのです。日本人にはあまり知られていないことですが、第一次世界大戦というのは、それほど西欧の歴史に大きな衝撃となって残っているのです。しかも、その衝撃のより深刻な帰結は、民主主義国の政府の「無能と欺瞞《ぎまん》」に人々の眼が向けられたことでした。

ロイド・ジョージ内閣の大本営発表

第一次世界大戦ではもう一つ大きな悲劇とされる戦いがあり、それを描いたメル・ギブソン主演の映画『誓い』で知られる「ガリポリ作戦」というものがありました。当時、イギリスの海軍大臣だったウィンストン・チャーチルがイスタンブールへの強攻を行うためオスマン・トルコ領のガリポリ半島に対する上陸作戦を推進しましたが、イギリス人とオーストラリア人を合わせて何十万人という死傷者を出しました。しかも、その上陸軍への補給がまったく行われず、多くの兵士が悲惨な死に方をしました。これも、日本の第二次世界大戦における「ガダルカナルの戦い」や「サイパンの玉砕戦」と同じ構図です。

なおかつ、民主主義国であるはずのイギリスやフランスの政府が発表する戦果はでたらめなものでした。戦時中、しばしば、イギリス政府は「今日我が軍兵士は、勇敢な突撃を敢行して敵陣を突破し、二〇マイルも前進した」と発表した。

毎日「前進した」という発表をするので、イギリスのある老人が距離を全部足したところ、とっくにベルリンの街を通り過ぎ、ドイツすら通り抜けていたという笑い話があるほどです。当時、世界に先駆けて民主主義体制を掲げていた英仏という先進国で、選挙によって選ばれた内閣が公然と嘘を語っていたわけです。しかも、当時イギリスの政権は「人民の友《ピープルズ・フレンド》」と呼ばれた左派リベラルのロイド・ジョージ内閣です。結局、「大本営発表」と軍国主義とは必然的な関係にあるわけではなく、むしろ国家を挙げた総力戦というものがそれを生み出したということです。

もちろん第三共和制と称されたフランス政府もまた、第一次大戦中、同様の「大本営発表」をしていました。するとフランス国内では軍隊が大反乱を起こし、展望がない作戦に抵抗しました。軍隊の反乱が戦場で起こるとふつうは即、全員死刑ですから、これは大変な事態です。

これが第一次世界大戦の内実で、ある種、敗戦国のドイツ側から見た視点よりも、民主主義を標榜したイギリスやフランスに焦点を当ててみたときに見えてくる戦争の不合理や愚かさのほうが、今日でもはるかに深刻な意味を持っていると思います。

革靴まで食べたイギリス人

第一次世界大戦で、イギリス人はもう一つ悲惨な経験をしました。イギリスは島国で、原料や食料を大半、外国からの輸入に頼っていましたから、外から食料が入ってこなければ国民は食べていけません。そこでドイツが行なったのが、潜水艦を使ったUボート作戦です。イギリスの港に入る食料輸送船を片っ端から沈めるというもので、これを「無制限潜水艦作戦」といいました。それまでの戦争は軍艦だけを相手にする軍隊同士の戦争でしたが、第一次世界大戦では、交戦国は民間人や民間の食料を運んでいる船まで無制限に沈める作戦を展開したのです。

すこぶる非人道的な作戦で、たくさんの女性や子供が乗った普通の客船が次々と沈められました。アメリカ人が大勢乗ったイギリス客船もドイツの潜水艦に繰り返し沈められ、これがアメリカが第一次世界大戦に参戦した理由の一つとなった。当時、まだアメリカは中立国だったので、本来は参戦しなくてもよかったのですが、潜水艦による攻撃で客船が撃沈され、アメリカ人が大勢死んだことでアメリカ国民が怒り、反ドイツの世論が盛り上がったのです。

このドイツによるUボート作戦で、イギリスに対する補給がすべて途絶えました。イギリス国民は、何年も飢えに苦しみます。一九一七年には食料が入らなくなり、戦争が終わる一八年の暮れまで二年近く、庶民の多くは食べるものがありませんでした。革靴を湯掻《ゆが》いて食べたりしたほどです。皆さんはご存じないでしょうが、革靴は、お湯で煮ると食用にもなったのです。

革靴を食べた話では、第二次世界大戦におけるソ連のレニングラードも有名です。いまはサンクトペテルブルクと呼ばれる風光明媚《めいび》な街ですが、ヒトラーのドイツ軍による包囲下に陥り、二年以上包囲されます。やはり食べるものがなくなり、皆、靴やベルトなど革製品を湯掻いて食べたのです。革製品を湯掻くと中から油脂が出て軟らかくなり、嚙めるようになります。それを食べて飢えを凌《しの》ぐ。まさに地獄絵です。

食料自給を怠ったツケ

日本でも第二次世界大戦末期、似たような状況に陥りました。ただしそれは戦地での話で、国内はそこまでの状況には至りませんでした。これは日本が農業国で、土地が豊かだったことが大きいでしょう。

当時のイギリスは、いまの日本と同じように食料自給率が低く、三十数パーセントでした。天下の大英帝国ですから、平和なときであれば小麦はカナダ、羊毛はオーストラリア、綿花はインドなどから輸入すれば、どの国からでも手に入る。それが慢心を生んだのです。「国内では何も農作物をつくらなくてもよい、工場と株の取引所があれば十分」と考え、食料自給を怠ったのです。結果として自給率が激減し、国民が飢えに苦しむことになった。

そして、この第一次世界大戦の経験からイギリスはその後、食料自給率の向上ということを国策にして、いまでは八〇パーセントの自給率にまでなったのです。

これはやや極端な例ですが、このような経験をヨーロッパの国々は歴史上、経てきているのです。それにより現在のフランスのように「農業で生きる国家」という道が生まれたことも事実です。

戦後賠償がヒトラーを生んだ

第一次世界大戦のもう一つの特徴は、戦後処理や戦後賠償、とくに戦争責任をめぐる論争が悲惨な結果を生み出したということです。敗戦国のドイツやブルガリア、オーストリアから賠償金を取り立てる、戦犯を捕まえて裁判にかけるといったもので、戦勝国の傲慢が大変な禍根を生じることになりました。

なかでも過酷だったのが、人類史始まって以来といわれた、ドイツへの莫大な賠償金請求です。

歴史の本にはよく「第一次世界大戦の賠償金は総額一三二〇億マルク」とありますが、実際はその三倍、三〇〇〇億マルク以上の賠償金をかけました。ドイツにそんなお金が払えるはずがありません。となると、解決策は限られてくる。戦勝国の奴隷となるか、反抗する、つまり「リベンジ戦」を考えるかです。

そこでドイツ国民は、ヒトラーのような独裁者の登場を待つような気持ちになる。どういうことかというと、強い国家首脳の独裁による決断によって、既存の国際条約を無視して、とうてい払いきれない賠償金を国際的に反故《ほご》にすることです。戦後処理を定めた講和条約であったヴェルサイユ条約の条項は「すべて無視する」ということが、国としてのサバイバルをめざすドイツにとって早くから至上命題となっていました。この条約のため、敗戦国ドイツに世界を敵に回すような独裁政権が現れることは当初より、半ば必然だったのです。

あんな苛酷な賠償義務を負わせると、このような過激な政権を生み出すことは、誰の目にも予見できたはずで、現に有名な経済学者のケインズや歴史学者のE・H・カーら多くの人々は、こうしたヴェルサイユ体制の欠陥を声高に訴えていました。

しかし、戦勝国のほうには、この体制を何がなんでも維持しなければならない事情がありました。

戦時中、イギリス政府は国民に対して「この戦争に勝てば、相手から賠償金を取り立てる。戦争に勝てば国民生活は必ず豊かになるので、いまは辛抱してほしい」と伝えていました。しかも砲弾や鉄砲をつくるため、アメリカから返済の見込みがないほど多額の借金をした。これらを解決するには、敗戦国から収奪するほかありません。

また戦時中、国民に対してあれほどドイツ軍国主義の非難宣伝をした手前、戦後の「戦争裁判」でドイツの戦争責任を問い、「ドイツの侵略にすべての責任がある」と断罪せざるを得なくなりました。

そうすると莫大な賠償金が絡んでいるから、敗戦国側から「責任があるのは戦勝国も同じだ」という声が出てきます。そうした軋轢《あつれき》の中から、ヒトラーのような強権指導者が待望され、あんな酷いホロコーストをやるようなナチス政権が生まれることになったのです。言い換えると、民主主義の体制そのものが、独裁や戦争、この場合は第二次世界大戦ということになりますが、かつてない大戦争を引き起こした原因の一つだったということになるのです。

実際、第二次世界大戦は別にして、第一次世界大戦の原因を客観的に調べると、ドイツだけが悪い、とどうしてもいえないところがある。原因は英仏とドイツの双方にあります。一九二〇年代から三〇年代のヨーロッパでは、第一次世界大戦の戦争責任をめぐって盛んに大論争が繰り返し行われました。

もしわれわれ日本人が、このようにしてヨーロッパの国同士がかつて延々と戦争責任について議論したという歴史を十分に知っていたら、近年の戦争責任論争の中身もずいぶん変わってくるでしょう。戦勝国が賠償金を取り立てるためには、何がなんでもドイツを「悪者扱い」する必要があった。賠償と戦争責任問題がリンクしていたのです。

こうしたことを考えると、戦争の原因は軍国主義とか領土争いといった単純なものではないことがよくわかるでしょう。むしろ民主主義が小さな戦争を大戦争にまで昂《こう》じさせることもあり得る、ということがわかります。

ここで、戦争と平和について考えるという国際政治学の根本目的が関わってきます。つまり、世界の国がすべて民主主義になれば戦争はなくなるのか。そもそも戦争は何が原因で起こるのだろう。そのことをもっと深く考えなければいけないことがわかるでしょう。

ここでは「戦争」という概念を中心に考えていますが、それは言い換えると国際紛争や国家間の対立と協力が、それぞれどういう要因によって生じるのか、ということにもつながってくるということを意識しておいてください。

日本に強い政権をつくらせたくなかった

それでは、授業の最初で話したことに多くの人から「関心を深めた」と反響があり、「もっと詳しく話してほしい」と要望がありましたので、第二次世界大戦と日本の関わってくる話に敷衍《ふえん》したいと思います。

周知のように、第二次世界大戦で日本は敗戦国になりましたが、賠償についてば、それほど多くの額を取り立てられずに済みました。アメリカがフィリピン、インドネシア、マレーシア、韓国、台湾つまり当時の中華民国といった国々に圧力をかけ、日本に要求する賠償金額を軽減させたのです。おかげで戦後、日本は復興が可能になったといわれます。

これはアメリカが、第一次世界大戦の教訓を学んだからです。つまり、もし過酷に賠償金を取り立てれば、日本から「第二のナチス」のようなとんでもない政権が出てくるかもしれない、それだけは避けなければならない、と考えたのです。

しかも第二次世界大戦後は、国際政治が冷戦構造になっていました。ソ連と冷戦を戦うことがアメリカの最大の目標で、何としても日本を味方につけたかった。日本をそこそこ強い国にして、さらに経済発展できる資本主義国にして、共産主義が入り込まないようにする必要があった。そのような事情から、「東京裁判」つまり日本に対する戦犯裁判は過酷だったものの、賠償のほうは緩かったのです。

他方、領土についてどうかといえば、第一次世界大戦後は、ヨーロッパの地図も大きく変わりました。第一次世界大戦に参戦するとき、アメリカのウィルソン大統領は「無併合・無賠償」という方針を宣伝し、これはソ連も同じでした。しかし結局、ドイツの領土は大幅に奪われます。本来のドイツ人の土地であるポーランドの西半分を失い、フランスから得ていたアルザス・ロレーヌ地方も失います。ドイツ側についたトルコもバラバラにされた。

これは国際連盟の考え方からすると、おかしなことです。本来、戦勝国が領土を勝手に併合したり奪ったりするのは認められていない。ところが、現実には起こってしまったのです。

「サクソン・ハウス」の嘘宣伝

以上見てきたように、第一次世界大戦では近代戦争の不合理な側面がすべて表に出てきました。双方に甚大な犠牲者が出るし、民主主義国も戦時中は嘘ばかり宣伝する。宣伝戦で一番有名なのは、イギリスの「サクソン・ハウス」という極秘の宣伝部によるものです。

サクソン・ハウスが発信した「ドイツ軍は占領地で捕虜を皆殺しにし、捕虜の体から絞り採った油で石鹸《せっけん》をつくっている」という話をまことしやかに宣伝し、写真まで貼って戦場でばら撒きました。あるいはまだ中立を保っていたアメリカでばら撒く。イギリスは昔から宣伝戦がうまく、嘘も含めたインテリジェンス活動は、第一次世界大戦の当時から群を抜いていました。

それまでの戦争は民間の犠牲者は少なく、軍人だけが死傷するというものが多く、局地的な被害だけでした。戦場は凄惨《せいさん》といっても、この大戦のように世界全体に広がり、国民全体に影響を与えるものではありませんでした。

しかしこの大戦では、歴史上初めて戦果や犠牲者に関して政府が一面的な情報を流し、国民に愚かで不合理な戦争を国家総動員体制で強《し》いるようになった。とくに民主主義国ではマスメディアが発達し、大衆社会になっていたことが大きな理由でした。ある意味で大衆社会とは、「何百万という人を一度に洗脳できる社会」のことです。おそらく封建社会よりも危険で、人々が大昔の人よりも盲目的になる可能性があることを、第一次世界大戦が明らかにした。

そこで戦後ヨーロッパ人は「政府発表を信用してはならない。戦争になったら、自分の身を守れるのは自分だけである。理念や人道といってもすべて信じることはできない」と、ニヒルな発想をするようになりました。そしてそのニヒリズムから戦後、より過酷な戦後処理を行い、第二次世界大戦の原因をつくってしまったのです。

その学習効果から第二次世界大戦後、アメリカは敗戦国をあまり痛めつけないようにしました。

日本人はほとんど気づいていませんが、第二次世界大戦でなく、第一次世界大戦こそが現代文明の「分水嶺《ぶんすいれい》」だったのです。世界が現在のようになった最大の原因は、第一次世界大戦におけるヨーロッパの近代文明の大きな挫折があるわけです。

それまでの世界は「時代が進めば世の中は進歩していく」という、いわゆる啓蒙思想、進歩主義で進んできました。第一次世界大戦でそれが嘘だとわかった。科学は進歩すればするほど、戦争で莫大な犠牲者を出してしまう。民主主義も、信頼に値しない。民主化とは、メディアによって国民を煽り立てる戦争をもたらし、かえって戦後の平和が得られず、お互い憎しみが残る。近代科学技術、民主主義、国民主権など、それまでは万能の「進歩の象徴」といわれていた考え方が、決定的に揺らいだのです。

「反戦平和主義」は第一次世界大戦後から始まった

ここからが現代につながる話になります。第一次世界大戦後のヨーロッパでは当然、反戦平和の考え方が強まります。

そこから出てきた一つ目の考え方が、「政府を信じてはならない」というものです。国家はそもそも戦争をしたがる。そして途方もない嘘をつき、起こり得ない間違いをする。だから、そんな国家はないほうがよいという「反国家」の理念が生まれていくのです。

そこから、平和主義の中でもとくに「反戦平和主義」の思想が盛んになります。反戦平和主義とは「反軍事」「非軍事」など、軍事を否定する平和主義のことです。軍備をなくせば戦争はなくなり恒久平和が達成される、これはどこかの国の憲法にまだ残っていますね（笑）。なぜ戦争が起こるか。それは、「軍隊があるからだ」「軍隊をなくせば戦争は起こらない」というわけです。

これはきわめて特殊な論理で、単純な同義反復です。たとえば「洪水はなぜ起こるか」というとき、「川があるから起こる」というのに似ています。多分に幼児性を残していると同時に、ラディカルで原理主義的です。そういう平和主義が第一次世界大戦後のヨーロッパで主流になってくるのです。そうなると、軍隊というものが、非常に不信の目で見られる。軍人になろうとする人も激減する。国民や世論は、つねに大幅な軍縮を求める。

大きな戦争の後はどうしても「反軍事」の動きが起こるものですが、一九二〇年代のヨーロッパはとくにそれが強く、最終的には国家不信の極限まで行き着きました。つまり極端な「脱国家」の発想で、国家さえなくせばよいというわけで、エリートの間で精神的なアナーキズム（無政府主義）が生まれる。第一次世界大戦のような「間違いの戦争」からその考え方が出てきたのも無理のないことですが、愚かなことは、一つの戦争からすべてが演繹《えんえき》されていったことです。

二つ目に、一九一七年、ロシアで共産主義の革命が起こったことも大きかった。国家が信用できないとき、誰を信用するかというと、普通は家族や集団になります。ところがこれらは力が小さく、もはや「国家はダメ」となると、そこから国家を超える集団が求められます。ロシアでは国家に代わるものとして、「労働者階級」による世界をつくろう、という考えが出てきます。

このロシア革命に刺激を受けて、西欧では自分たちも同じような革命を起こせば国家が人民をいじめる政治はなくなる、と考えたのです。これが社会主義や共産主義の革命理念で、このような思想が第一次世界大戦後、世界中で強まっていきます。

労働運動、社会主義運動、革命運動が広がると、共産党が各国に誕生し、これをモスクワが「世界共産党」という一つの世界政党にまとめました。これを「コミンテルン」ともいい、世界で同時に共産革命を起こして国家をなくそうという国際的な革命謀略組織です。こうした動きがイギリス、ドイツ、イタリア、フランス、さらにはアメリカや日本でも広がります。

不思議なことに、第一次世界大戦でさしたる被害を受けなかった日本でも、第一次世界大戦後の大正後期に、学生たちが先を争って共産革命の理想に燃え上がりました。一番有名な事件は、大正十四年（一九二五）に京都帝国大学で起きた「京都学連事件」と呼ばれるものです。日本の近代史上、最初に燃え上がった学生運動で、京大の〝誇るべき歴史〟といえます。

当時の日本では、ロシア共産党の「赤い思想」が入ってくるのを内務省と文部省が強く警戒していました。すでにシベリア出兵が終わり、日ソ国交樹立が始まっていた時代で、ソ連の工作員が日本へ入り、各大学に「社会科学研究会」のようなものをつくっていた。この京大にもそのような研究会が誕生し、いろんなパイプを通してコミンテルン、つまりモスクワとつながっていました。

社会科学といってもマルクス主義の古典を読ませるばかりですが、内務省と文部省は必死になってこれを抑え込もうとし、ついに学生を捕まえるのです。その結果、「社会科学研究会」は総長命令で解散となります。治安維持法が最初に適用された事件で、日本初の「学生運動弾圧事件」だったとされます。

このような同種の事件は、ヨーロッパ中どこでも起きていました。イギリスのオックスフォード大学でも、次のような事件が起こりました。

オックスフォード大学といえば有名なエリート大学ですが、その中でもとくにエリート層はユニオンと称する「ディベイティング・ソサエティ」つまり弁論部に入ります。イギリスではオックスフォード、ケンブリッジという名門大学出身の最優秀の学生は、だいたい二十代後半で国会議員に立候補します。貴族の次男三男といった人たちで、そのために弁論部に入って政治討論を学ぶのです。この真似事をしているのが早稲田大学で、早稲田の弁論部も政治家志望の人が入りたがりますね。

そのオックスフォード大学の弁論部で、一九二〇年から三〇年代に有名な論争が起こったのです。第一次世界大戦が終わったあとで、エリートの若者たちもロシア革命の思想や宣伝にとらわれていたときです。

「われわれは国家と国王の危機に際して、命を投げ出すべきか」というテーマで討論をやり、圧倒的多数で「投げ出すべきではない」となったのです。この結果は、イギリス社会に衝撃を与えました。

イギリスのエリートに伝統的な「ノーブレス・オブリージュ」の考え方では、国家と国王のためにエリートは当然死ぬべきだという理屈です。ところが、オックスフォードやケンブリッジに学び、将来は政治家になろうという、いわば体制派のエリートが「国や国王のために死ぬのは馬鹿げている」と考えはじめた。「国に殉《じゅん》じるなどというのは愚かな嘘っぱちで、それは先の戦争で嫌というほど経験した。国王がどうなろうと、国家が潰れようと、俺の知ったことではない」。当時のイギリス・エリートの若者の発想は、ついにここまで来たのです。

このことが、一九三〇年代のイギリスではナチスドイツに対抗するのは意味のないこと、第一次世界大戦の愚かな過ちを繰り返すことだ、という考えにつながってゆき、エリートも一般国民も自分の生活が第一で、国のことなど考えるのは「時代遅れの愚か者のすること」と思うようになったのです。大衆はさておいて、エリートがこう考えるようになったのは、明らかに国としての劣化、衰退です。

このようにエリートが堕落した原因の半分は、社会主義の思想とも関わりますが、やはり最も大きいのは第一次世界大戦の経験から生まれた反戦感情で、そこから生じた反戦思想、平和主義の理念でしょう。戦争そのものを否定する平和主義は、必ず反国家主義になる。こういう構造が第一次世界大戦後の西ヨーロッパで初めて生まれるのです。

その行き着く先は、当時の時代文脈では社会主義・共産主義の思想になります。なぜなら労働者には、祖国はありません。労働者による革命が世界中で起これば国家はなくなり、世界が一つになると、恒久平和が到来するというわけです。

マルクス、レーニンも「反国家」

以上のような国家の廃止による一つの世界の誕生、という理念が、ロシアの革命家レーニンの著した多くの本に書かれています。いまの学生諸君はこうしたマルクス・レーニン主義の書物は読まないと思いますが、私が京都大学に入った時代は、経済学や政治学の授業に出たら、どの先生からも講義の最初に「一回生は、レーニンの『国家と革命』ぐらいは読んでおくように」といわれました。

先生のいう通りに読まなければと思い、校門のすぐ近くの書店へ行くと、『国家と革命』が山ほど積まれていた。だいたい四、五月になるとこの書店には、レーニンやマルクスの本が堆《うずたか》く積まれるのです。

それを買ってきて読みましたが、さっぱりわかりませんでした。

ところが「わからない」というと、〝意識の進んだ〟友だちから「あんな易しいものも理解できないのか」と馬鹿にされる。「それならば読書会をやろう」となり、会に出かけては「これが大学生らしい勉強なんだ」と若干、誇らしく思っていました。

ところが、やがて『国家と革命』の中身が理解できるようになると、要するにこの本は「共産主義革命を起こせば国家はなくなる」といっている、ということに気づいた。人間の不幸はすべて国家から来るものであり、国家は労働者階級を抑圧するための道具、階級搾取《さくしゅ》をする道具である、と。

大昔の国家は農奴、もっと古代の国家は奴隷を捕らえ、彼らから搾取して特権階級が豊かになった。封建時代の地主は、農奴を搾取してぬくぬくと暮らしている。資本主義社会も、労働者から搾取する社会にすぎない。だからこそ、最下層にいる虐《しいた》げられた労働者が立ち上がり共産主義革命を実現させたら、もはや搾取する階級はなくなり、国家もなくなるという話です。なぜなら国家は人々を抑圧することを目的とするものだから、というのです。

そこでは、国家はいっさい必要ない。人々が国境を越えて横につながり、全世界の労働者が団結すれば世界は一つになる。世界中の労働者が連帯して立ち上がれば、世界革命に発展して世界から国家がなくなり、戦争は起こらなくなる。要するに、そんなことが書かれているわけです。

歴史は別の国で繰り返す

当時の京都大学で右のようなことを語るためには、マルクスやレーニンの初歩的な本は高校時代に読んでおくのが常識、という風潮さえありました。だから私は「高校時代に読まなかったのか」といわれたのです。

たしかに高校の政治経済や倫理・社会の授業でマルクスとエンゲルスの書いた『共産党宣言』ぐらいは読んでいましたが、まさかそこまで深入りはしていなかった。いまは普通の高校で『共産党宣言』を細かく教えるようなことはしないでしょうが、当時の日本はまるでソ連や中国の思想教育のような授業をしていたところもあった。最低でも、高校で『共産党宣言』を読み、大学の最初に『国家と革命』を読むと、二冊の思想が符合し、すでに歴史教育で第二次世界大戦の悲惨な歴史を嫌というほど叩き込まれていますから、戦争をなくすには、ごく簡単に「国家をなくせばいい」という発想になるのです。つまり反戦平和主義が直ちに共産主義ないし社会主義思想に結びついていくのです。

これは第一次世界大戦後の西ヨーロッパの「反国家」思想の隆盛と同じ構造で、

その完全な焼き直しだったといってよいでしょう。まさに、「歴史は繰り返す」です。同じ国では繰り返さないかもしれませんが、別の国で必ず繰り返されます。つまり一九二〇―三〇年代の西ヨーロッパと戦後日本は、この点でまったく同じ思想のレベルにあるわけです。

そして、欧米ではこの戦間期に、日本では戦後に国際政治学という学問が生まれました。すべての本質は「誕生のとき」に形成される、といわれますが、それぞれが経験したこのときの思想が、国際政治という学問に色濃く反映しているのです。

もし国際連合に拒否権がなかったら

第一次世界大戦後、ヨーロッパで「戦争の原因になる国家をなくすために」考えられたとされる共産主義の「平和宣伝」に対抗するものとして、アメリカのウィルソン大統領がもう一つの答えを出していました。それが「国際連盟」です。

国際機関が平和と戦争の問題を取り扱う。軍隊も各国が保有するのでなく、将来は国際連盟が保有する。国と国で戦争が起きたら、国際連盟が解決する。こうした条約を国同士で結べばいい。ウィルソンはこれを「国際連盟規約」として各国に提案しました。

それまでも国際機関は世界にたくさんありました。万国郵便連合や国際赤十字などは第一次世界大戦前、十九世紀からあります。ただ国際平和の実現のために国際機関をつくり、世界の平和と戦争の問題を取り仕切るという発想は、このとき初めて生まれたのです。戦争が起こりそうになれば、必ず国際連盟がその解決に力を尽くす。しかも民主主義の原理に忠実に、一国一票の多数決で決めるという考えも、このとき生まれます。

ただし、それだけだと不合理なので「常任理事国」という考えも生まれます。いまの「国際連合」は、当時の国際連盟のほとんど焼き直しにすぎませんが、決定的に違うのは「国際連合には常任理事国に拒否権があるが、国際連盟では常任理事国に拒否権がなかった」ことです。

すると、どうなるでしょう。日本は国際連盟では常任理事国でした。日本は第一次世界大戦の戦勝国であり、五大国の一国ですから、第一次世界大戦に際して日本自身は戦争には本格的に参加していないのに棚ボタ式で常任理事国になれたわけです。しかもアメリカは加盟しておらず、英仏伊などと同等の理事国として日本が重要な位置を占めました。ただし、先にいったように当時の常任理事国には拒否権がありません。

そこへ一九三一年、満洲事変が勃発します。このとき国際連盟から「リットン調査団」がやってきて、リットン報告書を提出します。このリットン報告書に基づき、満洲事変に対する非難決議が連盟総会で取り上げられます。そして日本と棄権したタイを除くすべての国が、日本を批判する決議に賛成しました。

しかし日本は拒否権がないので、決議を受け入れて満洲から撤退するか、国連を脱退するか、二つに一つしか選択肢がありませんでした。ここでもし拒否権があれば、日本は国連脱退をする必要がなかったでしょう。

そう考えたとき、国際連盟と国際連合の、どちらがよい制度といえるでしょうか。

拒否権があれば、連盟を脱退する必要はなく、結果的に日本は第二次世界大戦とは無縁だったでしょう。満洲の現状は実質的に領有が認められ、日本は国際連盟に加盟しつづけていたはずです。

たしかに現在の、常任理事国が一国、拒否しただけで、他の理事国が全員賛成しても決議が否決されるという拒否権は、じつにおかしな制度です。しかし先述のように、もし国際連盟で日本に拒否権があれば、日本は国連から脱退せず、アジアで第二次世界大戦は起きなかった可能性が高い。

そう考えると、じつは拒否権があったほうが、平和は守れるのです。大国が国際社会から孤立することなく、大国同士の戦いも起こりにくい。しかしその一方で、横車を押して他国の領土に侵攻し、占領して平気でいることもできる。非常に大きなジレンマといえます。

たとえば、アメリカのブッシュ政権時代のイラク戦争は、アメリカの拒否権がなければ絶対に安全保障理事会で非難決議が上げられ、国連総会でも非難されたでしょう。アメリカは戦前の日本のように「侵略国」という烙印《らくいん》を押されたはずです。「大量破壊兵器がある」といって戦争を始めながら、後になって「なかった」と自分で認めたのですから、これは侵略戦争を認めたも同然です。しかし誰も非難決議を上げなかったのはなぜでしょう。それはアメリカに拒否権があるからです。

ロシアや中国、フランスも常任理事国でありながら、形式的な反対をしたあとは自国の数々の国益と交換取引をすることで、アメリカやイギリスのイラク派兵に見て見ぬふりをしました。あそこでアメリカを追い詰めたら、あとで自国の国益にとって不利だったからです。

「正義」は戦争を起こしやすくする

現在よく聞かれるのは、国際連盟よりも国際連合のほうが平和機関として実効性が高い、という意見です。しかし本当にそうなのか、よくよく考えてみる必要があります。大国同士の戦争が起こりにくいという意味では、拒否権はあったほうがよいでしょう。いざとなれば、拒否権があるから大国は好き勝手にふるまっても、他の大国と決定的に対立することはない。国際社会からも孤立しない。ただし国際社会全体の批判力は弱まります。

他方、「正義」という点では、国際連盟のほうが間違いなく進んでいます。拒否権のある国とない国があるのは差別で、民主主義の原則に反しています。しかし戦争は起こりやすくなる。これをどう考えればいいのか。国際政治学の問いは、ここから始まっている。

初期の国際政治学が主たる関心にしたテーマは、国際連盟のシステム、具体的にはいまの国連憲章にあたる国際連盟規約が適切かどうかを検証するというものです。すでに国際連盟の頃から、「拒否権はあったほうがいい」という議論がありました。一方で、「拒否権を与えると大国だけ好き勝手が許される。これは民主主義の原則に反する」という考えもありました。

あるいは当時の加盟国はヨーロッパとラテンアメリカの国ばかりで、加盟国の数はいまの三分の一以下でした。アジアで入っていたのは日本と中国とタイの三カ国で、植民地からも代表を送れるようにしたほうがいいという意見もありましたが、無視されていました。

たとえば一九二三年にハーバード大学のドイツ系の学者アルフレッド・ジマーマンが書いた『国際関係論』という国際政治学（国際関係論）の最初の教科書があります。これをいま読むと、国際政治の本というより国際連盟について書かれた国際法の本のように感じます。ただし問題意識は先鋭で、「戦争を避けるにはどうしたらいいかを考えるのが、二十世紀の学問の最大の使命である」と語っています。そして滔々《とうとう》と熱っぽい平和論を唱え、具体策として「国際連盟を完璧なものにすれば、平和は得られる」という議論で終わっています。あとは、細々《こまごま》とした国際連盟規約の検討に終始しています。

では、どこをどう改良すべきかというと、やはり「拒否権は認めるべきではない」と述べています。また当時、委任統治領といわれていた植民地からも代表を選んで選挙するべきで、その際、彼らには「一票ではなく、半票与えてはどうか」など、いろいろ提案しています。いま考えるとずいぶん小さい議論ですが、こうしたことを細々と書いています。貿易の問題にも触れ、「貿易自由化は平和の大きな要《かなめ》である」といっています。

ところがその一方、なぜ戦争が起こるかについての解明は不十分で、煎《せん》じ詰めれば「戦争とは戦争を求める人々がいるから起こり、平和への理念が弱いから戦争が起こる」という趣旨の、熱っぽい平和理念論が、冒頭三分の一ぐらいを占めています。そのあとは戦争が起こりそうになったら、どうやってその紛争を解決すべきかという制度論や政策論、実際論ばかりになります。

「心の問題」で解決するか

これはジマーマンに限らず、当時のアメリカ・イギリスを中心とした西欧諸国の国際政治学、国際関係論と称する学問の特徴です。ノーマン・エンジェルという有名な平和運動家の言葉を引いて「戦争の原因は、それぞれの人間の心の中にある。従って人間の心を変えれば、戦争は起こらなくなる」といったりしていました。

きわめて幼い精神主義に依拠する議論ですが、国際政治学というのは、実はこんなところから出発したわけです。しかし振り返って日本を見ると、こうした議論をいまの日本では、いまだに相変わらずやっているわけです。戦争は人の心の中で起こるのだから、そういう悪い心が起こらないように一人ひとりの人間を平和主義的に教育する。それが平和を得る一番大切な方法である。そんな議論です。

こうなると、いわゆる「平和教育」が非常に重視されるようになります。いまの日本では、高校あるいは小中学校における「平和教育」の大事さを説き、「戦争の悲惨さ」をわからせるため、たとえば実際に戦場に従軍した兵士に語らせ、それによって「戦争を憎む心」を育てれば、平和が到来するという考えが日本の学校を支配しているようですね。この精神主義は、たしかに極端で日本人好みのものでしょうが、本質的にはこれは必ずある段階で、どこの国でも通過するプリミティヴな平和教育論の一つのパターンです。一九二〇年代の欧米の国際政治についての文献を見れば、不思議なほど符合します。

こうした初期の国際政治学のもう一つの柱が、軍縮です。軍隊をいきなりなくすのは無理でも、どんどん減らす努力を続けよ、というわけです。各国がお互いに合意して絶えず軍縮するよう強く訴える。初期の国際政治学とは、「平和教育」と

「軍縮」という大きな柱を一つ覚えのように唱えるのです。そして他方では、国際連盟をよりよい効率的なものにしていく。そのための制度的な方策を考える、これが当時の国際政治学のすべてです。

これで本当に国際政治学といえるのか、微妙なところです。とはいえ当時の人たちの中に、「もう二度とあんな大戦争はしたくない」という切実な思いがあったことは間違いありません。だからこそ今日見るとバカバカしいほど主観的な感情論に傾斜した学問が、国際政治学の草創期には欧米で行われたのです。

しかし国際政治学は、第二次世界大戦後はるかに成熟し、今日見るようにまったく違う形に変化しました。ただ唯一の例外が、第二次世界大戦後に初めて国際政治学という学問を取り入れた日本です。

第二次世界大戦後の日本は、第一次世界大戦後のヨーロッパとよく似た状況で生きてきました。ソ連崩壊後はだいぶ希薄になりましたが、いま図書館や書店で書棚に並んでいる日本語の国際政治学の教科書には、こういう傾向に染まった本がまだあります。精神論ないしは観念論、さもなくば細々とした制度論で、どちらかに傾いています。残念ながら、日本の国際政治学はいまだに本質的な深みのある思考に至らず、よくて欧米での最新の議論の「輸入学問」の域を出ていないといえましょう。リアルで自らの目で世界の現実を見ようとしていないからです。

これはあれほどの大戦争を経験し、悲惨な目に遭った国民として現実から目をそむけてしまうのは、ある意味、理解できる反応ですが、それにしても何十年もその状態が続いているのは不思議といえば不思議です。

では第二次世界大戦後、国際政治学あるいは国際関係論と呼ばれる学問はどのように変化していくのか。この点を次回、お話ししたいと思います。

第二講——

地上のどこにもない場所

国際政治学はまだ「錬金術のレベル」

国際政治学、国際関係論という学問は、欧米でも日本でも、つねにその時代の比較的短期的な国際情勢やメディアなど人々の風潮に、色濃く影響されるという特徴があります。ですから大戦や冷戦の終焉した直後の時代は「平和の到来」を過度に大きくとらえ、理想主義的なものの考え方が強い議論が国際政治学者のあいだにも影響を与え、すごく理想主義的な世界像、国際政治を思い描きます。

一九二〇年代や一九九〇年代の欧米や日本で、その典型例が見られました。反対に国際情勢が対立含みになり、軍備強化が叫ばれる時代になると、現実主義へと回帰してゆくのです。一九三〇年代後半のヨーロッパや、冷戦が始まってくる一九五〇年代のアメリカがその典型です。

そして今日になって再び、国際政治学の学問傾向も現実主義へと変化しておりますが、どうしてこんなに短期的にコロコロと変わるのでしょうか。これではまるで服装のファッションのようで、とても何かしっかりした体系や思考の軸があるとはいえません。ですから、それではたして学問といえるのか、と思われるかもしれません。

実際、国際政治学、国際関係論という学問の発達段階は、まだ「錬金術のレベル」にあるといえましょう。近代以前のヨーロッパでは、何とかして他の物質を合成して金を造り出そうと、学者たちが懸命になって研究に励みました。要するに、分子や原子に関わる近代科学の体系的知識を持たないまま、やみくもに目前の手近な、そして誰も反対することのできない目的（つまり金、ゴールド、金塊を手に入れようとする欲望）を満たすため、その素材と考えられる金属や物質を手当たり次第に集め、実験を繰り返していたのです。

国際政治学や国際関係論という学問の現状も、これと似た段階にあって、「世界平和を達成する」という誰しもが求める目標を掲げ、目の前の国際情勢を分析したり解説したりするわけです。しかしそこではあまりにも目的意識が強すぎるので、願望や主観が入り込んでしまい、せいぜい底の浅い〝解説の学問〟にとどまっているといってよいでしょう。

しかもさらに悪いことに、錬金術なら実験をすることができたのですが、国際政治ではそうはいきません。ですから、いまにおいても体系的な因果関係を考える、ということができず、目の前の国際情勢に一喜一憂し、先ほど述べたような理想主義と現実主義のあいだを揺れ動く状態を繰り返しているのです。

私自身は若い頃から、国際政治学のこうしたあり方に深い疑問を感じてきました。そこで、歴史の研究つまり国際政治史や外交史の勉強に向かいました。実験ができないのなら、客観的なデータは得られませんが、歴史の中に因果関係を考える題材が豊富にあるはず、と考えたからです。この点で、私の国際政治学は日本の他の学者のアプローチとは大きく異なったものになっています。そういう事情で、この授業でも現状の短期的な国際情勢よりも歴史に題材を求める話が多くなります。

アイデアリズムとユートピアニズム

それでは理想主義と現実主義の話に戻りますが、国際政治学、国際関係論の学問がヨーロッパで成立したのは先述のように戦間期、つまり第一次世界大戦と第二次世界大戦の間で、当時のヨーロッパは理想主義的な考え方が主流でした。アメリカに渡ると、いっそう理想主義的な考え方が強くありました。

日本語ではどちらも「理想主義」ですが、本来、理想主義には「アイデアリズム」と「ユートピアニズム」の二種類があります。アイデアリズムはプラトンのいう「イデア」から来たもので、観念や理念といった、実在しないけれど人間の頭の中にあるものこそ一番の価値がある、という考え方です。精神的なものを重視する態度であり、観念主義といってもいいでしょう。

これに対しユートピアニズムは、実現不可能なものを実現可能であるかのように目標として設定し、そこへ向かっていこうとする考え方です。前回の授業で挙げた「反戦平和主義」も、この系譜と無縁ではありません。つまり、そこへ向かってゆくこと自体に価値があると考えるわけで、これはある意味で偽証主義、つまり実現不可能とわかっているが、実は目的は他のところにあり、多くの人を動かすためにあえて不可能事を提示するやり方です。あるいは自分すら騙している、といってもよいでしょう。最初から「実現不可能」だと本心ではわかっている。しかし実現不可能なことでも、そこへ向かうことにこそ、意義があると考えるのです。

なかには本気で実現可能だと考えている人もいるでしょうが、そういう人は稀《まれ》で、いわば信仰者です。とくに日本人はそれほど愚かではないし、一神教的な教義に命を懸ける人も少ない。普通は実現不可能性をわかっていながら、それについて「努力することに意義があり、そこにこそ人間の本質がある」とする。これなら理性的存在としての人間が抱く思想形態として、納得や説得が可能です。

もう一つ、国際政治学、国際関係論に強く影響を与えている考え方に「現実主義《リアリズム》」があります。ただしここでいう現実主義は、日本で使う「現実主義」とは違います。

日本の場合、多くは目の前の現実を容認するという考え方で、要は現状是認主義です。あくまで現状を前提とする主義主張、思想態度です。「それは現実的でない」という場合の「現実」です。これは英語でいうプラグマティズム、つまり「実用主義」に近く、西欧語でいうリアリズムとは違います。

しかしよく考えると、日本語の現実主義というのは、やはりプラグマティズムとも少し違っていて、プラクティカル、「実際主義」とも違う。

さらにいえば日本の現実主義の「現実」は、欧米語の「リアリティ」とも違います。リアリティは「現実なるものの本質」という意味で、抽象名詞です。ご存じのようにrealという形容詞の名詞形で、抽象的状態を表します。フランス語の「現実」を意味するréalitéも「この世の真実」「世の中の原理」といった意味です。物事を「わかる」とする態度で、これが欧米でいう「現実主義」です。ことによると神も恐れぬ態度で、自分があたかも神のごとく「この世の真実はこうだ」と決めるようなものです。それだけに、自分はとりわけ深い洞察により、真実を摑《つか》んでいる、という確信的な態度を指しているわけです。

「現実主義」の起源はルネサンスにある

西欧的な発想では、「現実主義《リアリズム》」というのは、理想や神の存在と無縁な考え方で、自分はあえてそれを選ぶ、という姿勢です。このような考え方は中世まで存在しませんでした。日本でもたぶん江戸時代まではなかったといっていいでしょう。きわめて近代的な思考態度です。

西洋では、その意味での「現実主義」の起源は十四世紀から十六世紀のルネサンスにあります。神を否定し、神とは別人格としての「自立した人間」というものが生まれる。ここから「現実主義」が始まります。

外交関係でいえば、イタリアの政治思想家マキャベリの登場が、近代現実主義の始まりです。マキャベリは、神とは別に真実があると考えた。「この世には、起こり得ることと起こり得ないことがある」という前提のもとで洞察した結果、出てくる思考態度です。

これを身近な例で考えてみましょう。たとえば二〇〇八年五月に中国・四川省で大地震が起きたとき、中国政府は日本政府に「自衛隊機を使ってテントを運んでほしい」と要請してきた、と報じられました。いまから考えると、中国政府が自衛隊に助けを頼むなど信じられない話ですが、これを日本人とリアリズム（現実主義）という観点から見ると、どうなるのか。

日本政府は当初、「何か思惑があるのではないか」といろいろ考えたようですが、「下手の考え、休みに似たり」で、善意に対しては善意で応じるのが国際外交のイロハのイです。要請に応じるしかありません。

だから大量に運んで、中国国民の対日感情をここで大いに改善すればいい。「庶民同士は互いに助け合うものだ」という話に持っていく。そういう救援活動が望まれていることは間違いなく、これは日本的な「現状主義」「実際主義」の考え方ともいえます。

中国の災害救援をどう考えるか

一方、国際関係となると、少し違う思考も必要です。この世において、つまり現在までの日中関係の全体的な文脈に置き直すと、あるべきことと、あるべきでないと思われることがあり、その中で日中の関係は日々動いている。そこから一つの合理的な思考形態が生み出される。それを観念化し、体系化する。これが現実主義で、国際関係で求められる思考でもあります。

そこから考えたとき、中国人民解放軍の中で何か変化が起こっているのかもしれません。日の丸を付けた軍用機が、たとえ災害救援とはいえ、四川省の内陸部まで入る。これは大変な話です。

あるいは「日中戦争の記憶」などというのは、もともと中国人には大して関心がなかったからではないか、という考え方もあります。実のところ日中戦争の記憶は、中国人の感情を逆撫《さかな》でするものではなかった。だから庶民にとって災害の救助に来てくれるのは非常にありがたい。アメリカやロシアの軍用機はどんどん入っていますから、日本の自衛隊の飛行機もその一つにすぎないというわけです。

しかし、たとえいっときでも、日本政府も含め日本人がそう考えたのは実に軽率でした。これは考えようによると、ある種の謀略だった可能性もある。その後、中国の政府と軍部の中から猛然と反対論が起こり、あっという間に立ち消えになりました。

これは目の前の現状にだけ眼を奪われ、同時に国際関係を動かす根本的な発想

（つまり外国に対する警戒心や権力政治的思考を重視する姿勢）が、日本の官僚やマスコミには大きく欠けていたことを示しています。日本の実務は立ち止まって考えたりしていてはラチがあかない、現状の流れに合わせて次々とやってゆくことが大切で、実務家はそんな深いことを考えなくてよい、おそらくこれが当局の考えだったのでしょう。日本を取り巻く国際関係では、この日本的な「実務的現状主義」と「現実主義」という二つの思考様式が混在しがちですが、これはつねに両者を峻別《しゅんべつ》して考えることが重要です。

最高のマキャベリズムとは？

また、現実主義の極致は「理想主義に見せかける」ことです。十八世紀のドイツの専制啓蒙君主フリードリヒ大王を評した言葉に「最高のマキャベリズムとは何か。それはマキャベリズムを否定することだ」というものがあります。

自分を理想主義者に見せかける人が、最もマキャベリストだ、というのです。マキャベリズムとは、目的のために手段を選ばない権謀術数主義とされています。念のため申しますと、これはフリードリヒ自身の言葉ではありません。フリードリヒ大王は、自分は善人の側からマキャベリズムに反駁《はんばく》するという態度で、『反マキャベリ論』という有名な書もあります。

しかし現実にフリードリヒの行なった政治を検証すると、ドイツ史上、最悪のマキャベリストだったといわざるを得ない。ですから皮肉なことに、フリードリヒの『反マキャベリ論』は、「マキャベリズムの極致」といわれているのです。

よく考えて見れば、最高の理想主義は、現実主義を前面に押し立てるはずですし、最高の現実主義者は自分が理想主義者であるように見せかけることでしょう。したがって、言葉や見せかけでものを考えてはならない。これは日常の現実を見るときの根本にある人間的真実です。人間は、一方で自らの最も効率的で利己的な目的を持ちながら、あるいはそれゆえに、それとは異なるさまざまな言葉や概念を操作し、使い分ける存在ですが、その極致が政治、とりわけ国際政治なのです。

自己犠牲を受け入れるのが国際政治のリアリスト

ドイツ生まれでアメリカに渡った国際政治学者ハンス・モーゲンソーの有名な言葉に、「現実主義者は、個人的な精神生活においてはしばしばヒューマニスティックな感情の持ち主である。だからこそ、人々が見ようとしない大切な真実を指さしたい衝動に駆られる」というものがあります。

つまり自分が真実と思うことをいうと、周囲から「いい人」だと思われない。「彼はリアリストだ」と思われてしまう。そんな損な役回りをあえて引き受ける人は、きっと個人の心の仕組みや人生の理想は、大変な理想主義者に違いない。自己犠牲を受け入れ、「世のため他者のため」という意識が強い。これが国際政治(学)におけるリアリストに多い、というのです。

人から「彼は現実的だ」と思われれば、その人は人間性つまり「人間的な好ましさ」という点であまり高くは評価されない。社会情勢や時代によっても違いますが、社会生活においては、おおむねそうですね。それでも「真実を語りたい」という情熱があるのは、その底には何か「理想主義的なるもの」が人生観としてあるからで、リアリストにはそういう人が存外、多いということです。

一方、理想主義者の中には当然ながら狡猾《こうかつ》な人が多い。フリードリヒ大王はその最たるものでしょう。政治家である以上やむを得ないのですが、あらゆる悪辣《あくらつ》な権力政治を駆使し、ヨーロッパ中を侵略して回りました。最も緊密な同盟関係を結んでいたオーストリアに対してさえ、ハプスブルク家にマリア・テレジアという女帝が出現するや、女性には継承権がないことを口実に、ハプスブルクの領土を蹂躪《じゅうりん》しました。金や銀が豊富なシレジア地方を手に入れるためです。オーストリア継承戦争（一七四〇―四八年）や七年戦争（一七五六―六三年）でも、フリードリヒ大王は侵略の限りを尽くしました。

とはいえ、この二つの戦争でフリードリヒ大王は近代ドイツの基礎を築いた。それまでベルリンの土地は、わびしい小さな寒村にすぎませんでした。そのベルリンをまがりなりにも大都会にしたのですから、まさに「プロイセン中興の祖」といえます。

そのおかげで、フリードリヒは皇帝の血統でも何でもありませんが、彼の子孫はのちに「ドイツ皇帝」を名乗るようになります。ヨーロッパの人たちは皆、プロイセンの田舎貴族が皇帝を名乗ることを嘲笑《あざわら》ったけれども、彼らは普仏戦争でビスマルクを擁し、大国であるフランスを撃破しました。それはフリードリヒ大王の時代からちょうど一世紀後のことです。

いまわれわれがドイツと呼んでいる国は、このような現実主義の極致によってつくられた国家なのです。

「条約を破る国家」ランキング

ですからドイツは、マキャベリズムが最も強い国でもあります。明治以来、日本人はドイツという国に何か過剰な思い入れをもっていましたが、三国干渉や三国同盟の例を見ても、やはりドイツという国に対しては国際政治上、非常に用心してつきあう必要があることは歴史が教えています。近代外交史を見ても、国際条約を一番破っている国はドイツだといわれます。考えてみれば当然で、ヒトラーもビスマルクも数えきれないほど破っていますし、フリードリヒに至っては生涯、条約を破りつづけました。

ちなみに二番はロシアで、ドイツとロシアの違いは、ドイツは条約を破るときにものすごくたくさんの理屈を付けますが、ロシアは何の理屈も付けずに破ることだ、という人もいます。ロシアは破っても、言い訳をしません。ただし違うのはそこだけで、破っている回数は同率首位ぐらいだ、とフランスの歴史家がいっています。

これは百年ほど前のことですが、明治天皇の命令で、日本の政府と外務省が大々的に調査して次のようなことがわかったとのことです。一九〇二年に日本はイギリスと日英同盟を結びますが、それまで「イギリスは嘘つき」というのが世界の通り相場でした。中東もアフリカも東ヨーロッパも東アジアの人々も皆そのようにいい、そんなイギリスと同盟を結べば途中で裏切られるかもしれない、それを恐れられた明治天皇が、過去の「裏切り」の事例調査を命じたのです。そこからわかったのが、イギリスはたしかに「嘘つき」かもしれませんが、この二国つまりドイツやロシアと比べると、ずっと「成績がいい」ということでした。

ロシアがひどいことについては、あらかじめ予想していました。そもそも当時の日本は、ロシアと戦おうとしていました。すでに幕末からロシアとは、樺太や千島の領有をめぐって、揉めに揉めていました。明治の初年、大久保利通や西郷隆盛や岩倉具視《ともみ》といった政府の首脳たちが最も恐れた外国の脅威はアメリカ艦隊でもイギリス艦隊でもなく、北方のロシアでした。

樺太を譲ったのはイギリスの入れ知恵だった

一八七五年に日本はロシアと「千島・樺太交換条約」を結び、樺太はロシア領、千島列島はすべて日本領となります。これらは現在、北方領土問題として揉めていますが、千島・樺太交換条約以前はロシア人も日本人も、樺太にも千島列島にも暮らしていました。ところがこの条約により、全千島すなわちカムチャツカ半島までが日本の領土となり、代わりに日本人が多く住んでいた樺太がロシア領になってしまったのです。

一八七五年といえば、明治八年です。明治初年の日本はまだ弱い国でしたから、大国ロシアとの力関係を反映して日本は重要な樺太を全部ロシアに譲り、その代わり千島列島を取ったのです。

これはイギリス人の入れ知恵で、「日本の小さな力では樺太を開発できないし、防衛できない。千島なら、周囲は海だから防衛できるだろう。ロシアが攻めてくるとしても、千島まで到達するには時間がかかる。その間に場合によればイギリス海軍が援軍に向かうことがあるかもしれないから」という論法で、日本に樺太を放棄させたのです。

そこには「千島までは絶対にロシアのものにしたくない」というイギリスの思惑がありました。ロシアが千島を握ると、北太平洋はすべてロシアの海になる。それをイギリスは恐れたのです。逆に日本人が千島を取れば、ロシアは千島の島々の間を通り抜けなければ太平洋に出られなくなります。日本としても、漁業で北の海を利用していますから、千島があれば、どんどんオホーツク海の奥のほうまで漁に出られます。

この条約は日本側を大きく譲歩させましたが、平和裡《り》に結ばれたことは確かです。だからこそ第二次世界大戦後に日本は、日露戦争で奪った樺太を返しました。他方、千島・樺太交換条約が平和裡に結ばれた条約だったのですから、逆に千島はすべて日本のものとされるべきです。

ちなみに日本共産党の北方領土問題に関する基本的態度も「全千島を要求するのが日本の正しい立場」というものです。いま政府が返還交渉をしている北方四島は、国後、択捉、歯舞、色丹を指しますが、歯舞と色丹は千島ではなく、北海道の沖の離れ小島にすぎません。そんな四島のみの返還を交渉するのは誤りで、「全千島を要求する」ということです。共産党の主張と私の主張が合致することはまずありませんが、この点についてだけは日本共産党が絶対に正しい、と思います（笑）。

日本共産党の「立派な見識」

もう一つ、日本共産党のかつての主張で正しいものがまだあります。昭和二十二年（一九四七年）まで、日本共産党は「憲法九条は認めない」といっていました。「軍隊を持たない主権国家などあり得ない」という論拠からで、当時の日本共産党の最高指導部は全員声をそろえていっていました。これも正しいと思います。

ところが、いつの間にか日本共産党は憲法九条の否認を口にしなくなりました。昭和二十一年に憲法九条論争が行われましたが、そのとき日本共産党は大変立派な態度を取っています。昭和二十一年の衆議院と二十二年の参議院で、当時の吉田首相に「主権国家は必ず独自の軍隊を持つはずだ。そうでなければ独立した国家とはいえない」と質問した。これは正しい国家観であるとともに、当時の常識であり、世界のどの国の国際法の教科書にも、主権国家には自国の軍を持つことが学問の大前提として書かれています。

「軍隊がなければ、誰が日本の国家の安全を保障するのか。いまは占領されているから占領軍が保障するが、いずれ彼らは帰っていく」という、日本の将来まで見通した立派な見識を、当時の日本共産党は示しました。

しかし、この質問に対し、吉田首相は次のように答弁しました。「この憲法は、二度と侵略戦争をしないと謳《うた》っている。では侵略戦争はなぜ起こるか。どの国も戦争するときは、たとえ侵略戦争でも『自衛目的』と嘘をつく。だから侵略戦争をしないためには、いっさい軍隊を持ってはならないのである。いくら主権国家が自らの独立を守るために必要だといっても、そうしてできた国軍がいずれ侵略戦争を起こすことも歴史が示している」と。だから軍隊はいっさい持たない、と吉田茂は国会でいっているのですが、どちらが正論なのかは明らかです。

ところが今日に至るまでに、この正論がどこかでねじれてしまった。歴代の自民党政権はいつの間にか「自衛のための軍隊は持ってよい」となり、さらには「自衛隊は軍隊ではない」と訳のわからない国会答弁をそのままにしています。

逆に日本共産党は「憲法九条をどう解釈しても、軍隊は持ってはならない。自衛隊は軍隊だからだ」などと主張しはじめ、さらには他方で「アメリカの軍隊を国内に置くのも日本の独立性を放棄したものでけしからん」とまで言い出した。いまわれわれがマスコミなどで聞く議論も、こちらが大勢《たいせい》ですね。

共産党がモスクワ・北京の子分、自民党はワシントンの子分

もっと歴史の話をしてほしい、という要望や歴史に絡んだ質問が、前回数多く寄せられたので、さらに続けることにします。自民党が現在のような議論を始めたのは昭和二十五年（一九五〇年）からで、これは当時の占領軍が、自衛隊の前身にあたる警察予備隊、すなわち軍隊を持つように命じたからです。占領軍のいうがまま、これまでの主張を捨てて、国防のためには「軍隊は必要だ」という立場に変わりましたが、他方では憲法九条との兼ね合いで「でも自衛隊は戦力を持たないから、軍隊ではありません」と答弁しつづけた。

一方の共産党は、冷戦構造という状況の中、ソ連・中国の嫌がることは全部反対しなければならなかった。そこから「自衛隊は違憲」となったのです。要は、共産党がモスクワ・北京の子分、自民党はワシントンの子分である、そのことがすべての日本人に見えはじめたのです。つまり、自前の思考よりも「現状に身を任せる」という現状主義です。それがウソだ、あるいは実現不可能だとわかってはいたのですが。冷戦構造がいかに日本人の倫理やモラルをねじ曲げたかを示す、非常に劇的

な例です。

ではロシアはどうかというと、ロシアは自分たちを戦争で日本に勝った戦勝国だと思っています。「戦勝国が、なぜ領土を返さなければならないのか。敗戦国のくせに偉そうなことをいうな」というのが、彼らの言い分です。

最近、東京のロシア大使館のガルージンという現職の公使（当時）が、そのような論文をロシアの雑誌に載せたこともあります。帝国主義的なモラルを感じますが、これをフランス人やイギリス人の眼から見れば「ロシア人なら仕方ない話で、そもそもドイツ人やロシア人を相手にしたときは、やはりモラルや正義に対する見方が違うということを知っておく必要がありますよ」ということかもしれません。

イギリス人の嘘、日本人の嘘

このモラルや正義というのは、日本人にとってはゆるがせにできない大きな価値観です。嘘をついて平気でいられる人は、日本人では珍しいと思います。よく「日本人は気軽に嘘をつく」といいますが、この「嘘」にしても、それぞれの国民によって意味するところが違い、そこには文化の問題が絡んできます。

たとえば人にものを贈るとき、本当はつまらないとは思っていないのに「つまらないものですが」といって渡せば、これは嘘です。自分を偽っているわけで、「これはいいものですよ。大枚払って買ってきたのだから感謝してほしい」というのが正直なところです。ただこれがモラルに欠ける行為かというとそうでなく、文化という点から考えると、嘘とモラルの問題は別の意味を持ってきます。

ハロルド・ニコルソンという二十世紀の有名なイギリスの外交官がいます。彼の書いた『外交』という本は日本ではよく読まれる書で、日本語訳も東京大学出版会から出ていますが、その中に嘘について次のようなくだりが出てきます。

「外交とは、正直で嘘をつかないことが一番効果を発揮すると、イギリス人は考える。外交において嘘をつけば、一時的に有利になることが多い。しかし有利になるからといって、いつも嘘をついていれば信用がなくなる。長期的には信用を失うことによって喪失する利益のほうが、嘘をついて得る利益よりもはるかに大きい。それが外交というもので、だから外交において嘘をついてはいけない」

要は Honesty will pay で、「正直者は得をする」というわけです。これがイギリス的プラグマティズムです。

日本人も「嘘をついてはいけない」といいます。ただしその理由として「損をするから」と教える人はあまりいません。親が子供を教育するときも、そのように教えないでしょう。そこに日本人とイギリス人の「嘘」に対する決定的な違いがあります。

この『外交』は、日本では多くの大学で基本図書に指定され、よく読まれています。国際政治学のゼミでは、この本に書いてある通り「嘘をつくとその国の信用がなくなり、大きな国益が失われる。嘘を本質にする外交は、結局は損をする」と教えます。だからイギリス外交は、わりに信用されてきた、というのです。

実際、「イギリス人は嘘をつく」が世界の通り相場といいながら、イギリス人を信用する人は多い。イギリスの商社、銀行もそうですし、いまでも世界中の企業がイギリスの保険会社を信用して、みんなロンドンで保険を掛けたりお金を預けたりしますね。イギリスがあれほど小さな国になったのに、ロンドンの「シティ」（金融街）がいまでもヨーロッパ随一の金融都市でいられるのは、やはり信用があるからで、ニコルソンのいう通りです。

ところがニコルソンは一方で、「嘘をついたら一時的に有利になることが多い」ともいっています。つまり長い目で見たら損をするから、「嘘を重ねてはいけない」といっているのです。

最も効果があるのは「つねに真実を語る人」がついた嘘

欧米で裁判の証人に立つとき、必ず聖書に手を置いて宣誓をさせられます。この宣誓の中で必ずある表現が、「つねに真実を語り、嘘を語らない。そして何事も包み隠さず、何事も付け加えず」というものです。このうち前半部分、つまり「嘘を語らない」ことについては、それが正しいことは当然ですが、時には嘘をつかざるを得ない局面もあります。とくに集団、企業、国家などでは、必ず嘘をつかざるを得ない場合がある。

下手な嘘をつく人は、賞味期限を偽ったり、客の残した料理を別の客に使い回したりします。これは最低ですが、企業経営とは「嘘の体系をどのように管理するか」ということでもあります。国家戦略とは、まさにいかにうまい嘘をついて、国際社会を納得させるかです。真実の意図を示すことは、往々にして国益を害することになります。ただ、嘘をあまり派手にやりすぎると、もっと大きな国益を失うことになるのです。

ところが聖書では、「つねに真実を語り、嘘を語らない」としている。つまりイギリス人をはじめアングロサクソンの人たちは、嘘をつかざるを得ないときでも絶対に嘘をつきたくないと考えるのです。たしかに、アングロサクソンといわれる人たちは本当に正直な国民というか、「嘘をつかない」という意味では、世界で一番正直といってもいいでしょう。

ノルマンディ上陸作戦に貢献したＢＢＣ

ところでニコルソンは、別の本の中でこうもいっています。「嘘を滅多につかない人が決定的な瞬間に一回だけ嘘をつけば、それはものすごく効果がある」と。それはそうですね。「あの人は絶対に嘘をつかない」とみんな信用しているのですから、そんな人が自分の国が生きるか死ぬか、戦争でギリギリの危機といった決定的瞬間に発信した内容でも、みんな真実だと信じます。そんなときの嘘こそ、決定的に効果があるというのです。

これこそイギリスの諜報活動やプロパガンダの真骨頂で、たとえばＢＢＣ放送は、第二次世界大戦中もほとんど真実を放送していました。戦争中でも、めったに嘘は報じませんでした。ですからドイツ人も含め、正確な戦争のニュースを知るため、世界中の人はいつもＢＢＣを聞いていました。ところが決定的な瞬間、ここで負ければ戦争そのものがイギリスの敗戦に終わるといった場面で、ＢＢＣ放送はあえて嘘をつきました。それがノルマンディ上陸作戦です。

このときＢＢＣ放送は、連合軍は北フランスのノルマンディ半島ではなく、ずっと北東にあたる「カレー周辺に上陸する」という情報を「一回だけ」流した。これこそが絶妙の効き目がある嘘だったのです。戦争が始まってからずっと、ＢＢＣはほぼつねに真実のみを報道しつづけていました。だから、その放送をみんな信じた。同様にドイツ軍も信じて、戦車師団をベルギー近くのパ・ド・カレーというカレー周辺の地域に配置しました。その結果、はるか西側にあるノルマンディ地方ががら空きになり、そこに三〇万の英米連合軍を上陸させた。ＢＢＣの嘘が、大きく貢献した作戦です。

嘘というのは、滅多につかない人が「決定的な瞬間」についたら、歴史の運命を変えるほどの効果を持ちます。これがニコルソンのいいたいことです。だから、しょっちゅう嘘をついてはいけない。何のために信用を高めるかというと、「決定的な場面で嘘の効果を上げるため」なのです。そのために普段は嘘をつかず、信用を得ておく。これがイギリス的なプラグマティズムの極致です。

これはアメリカ人も同じで、彼らは強く嘘を嫌います。いまも積極的に嘘をつくと、すぐに信用を傷つけて社会的生命を失う場合も多い。そもそもモラルの上で、政治家はもちろん、企業経営者であろうと司法関係者であろうと、嘘は絶対に許されません。日本も欧米的な契約社会にだんだん近づいてきて、公的な場では嘘は許されない傾向が強まってきています。

では先に述べた宣誓の後半部分、「何も包み隠さず」については、どうでしょう。大事な事実とわかっていながら、それを隠していた場合です。おそらく日本人の多くは、「大事な真実とわかっていて、それに触れないのは心が痛《いた》む」と感じます。社会的にも、嘘をついていたのと同じぐらい非難や制裁を受けることが少なくありません。

一方、欧米人は少し違います。「大事な事実に触れないのは、嘘ではない。口に出して話す内容さえ真実ならいい」と考えます。もちろん個人差もありますが、欧米の場合、大事な事実を隠していたことに対する道徳的非難はそれほど強くありません。「調べる側の能力が低かった」と思われるまでです。

右の点は、裁判社会、司法社会を生きる現代人としての教養でもあります。私は欧米や東アジアの社会で長いあいだ生活をして、この辺のことではつねに違和感を抱かされました。日本の外に出ると、「嘘さえつかなければ何を隠してもいい」と考える人々は多いし、その考え方が効果を発揮するのもまた、われわれの生きている世界の現実です。

戦争を引き起こすのは「道徳的憤怒」

国際政治を考えるとき、そういう道徳意識の体系的な違いを知ることは重要です。英米人から見れば、日本人はまったく無意味に嘘をつきます。たとえば「あなたのお子さん、かわいいですね」と、どんなにおかしな顔の赤ちゃんにもいいますね。

イタリア人は、もっと無意味に嘘をつくといわれます。よくイギリス人の中に、イタリアの街で道を聞くのは危険だという人がいます。たとえば駅に行く道を尋ねたとき、たとえ行き方を知らなくてもイタリア人は「教えてあげる」といって、「こっちだ」「あそこを曲がれ」と適当な方向を指します。それはイタリア人がけっして相手を困らせようとする悪人だからではなく、「知らない」といって「無視された」と相手に思われるより、適当に教えるほうが、人間的に愛嬌のある対応だと信じているからだというわけです。

イタリア人は相手と人間的な触れ合いを求めるから、無下《むげ》に「知らない」といえば冷たいように感じる。相手は道を知りたがっているのだから、とりあえずその願いを叶えるために何でもいいから教える。「嘘か真実か」以上に、そこに彼らの重要な価値観があるらしいのです。

この点は文化や文明の違いということで、いろいろな説明ができると思いますが、ともあれ国際関係で大事なのは、嘘に対する道徳的な姿勢でしょう。ヨーロッパの帝国主義の時代、嘘は数限りなくありました。それに対する道徳的な憤激《ふんげき》、英語でいう moral indignation が、戦争の原因になる場合も少なくありません。「道徳的にこれは許せない」という思いが、人間の理性を狂わせるのです。

戦争の原因として、国益の衝突や勢力均衡の崩れ、軍備競争の結果、領土的野心など、合理的な説明はさまざまあります。しかし現実の戦争原因を見ていくと、合理的に説明できるものより、道徳的憤怒によるものが多いという気がします。「嘘をつかれた、許せない」と怒り心頭に発し、かつてなら支配者、民主主義の時代なら国民大衆が怒り狂ったとき、戦争が起こるのです。

アメリカの戦争は、ほとんどがそうです。たとえば一八四六年から四八年にかけて、アメリカがメキシコと戦った戦争があります。この戦争でアメリカは、カリフォルニアもニューメキシコもアリゾナも、全部自国の領土にしました。カリファルニアがいまアメリカ領土なのは、この戦争でメキシコ軍を木っ端みじんに打ち砕いた結果です。

この戦争はなぜ起こったのでしょうか。当時、カリフォルニアの領土を欲しいと思うアメリカ人は大勢いたはずです。しかし、それだけではアメリカは戦争を起こし得ない。

きっかけは「アラモの戦い」です。ジョン・ウェイン監督・主演の『アラモ』という名作の映画にもなりましたね。メキシコのアラモと呼ばれる砦《とりで》に、アメリカ人が二〇〇人ほどで立てこもり、追い払おうとしたメキシコ軍が圧倒的な兵力で攻め込み、アメリカ人を全滅させた事件です。

この「アラモの虐殺」により、アメリカ人が怒り狂った。同胞を残虐に皆殺ししたという理由でメキシコとの交渉を打ち切り、「アラモを忘れるな」と叫んで大戦争を始めたのです。これによりカリフォルニアもニューメキシコもアリゾナも、すべてアメリカ領土になりました。

カリブ海のプエルトリコもいまアメリカの植民地ですが、もとは一八九八年に起きた米西戦争でスペインから奪った土地です。植民地ですから、いまもアメリカ大統領を選ぶ選挙権はありません。二〇〇八年のアメリカ大統領選の際、民主党のバラク・オバマやヒラリー・クリントンがプエルトリコを訪問して話題になりましたが、これは住民が民主党の予備選の投票権は持っていたからです。しかし本選挙の投票権はない。われわれの常識からいうと、これでアメリカは民主主義かと思うほど不思議なことです。

「怒り狂うことは得」というアメリカの価値観

ともあれ、この米西戦争がなぜ始まったか。キューバで揉め事が起こり、アメリカ人を救出しようとアメリカ軍艦がハバナ港に入ったとき、突然原因不明の爆発事件が起きて軍艦が沈んでしまったからです。これにアメリカ人が怒り、「これはスペイン政府の仕業に違いない。スペインをやっつけろ」となったのです。

当時からアメリカに、「ハースト」という有名なメディアグループがありました。ハーストグループの新聞や雑誌は「こんな嘘つき野郎と交渉すべきでない。ただちに軍事行動すべきだ」と煽り立てました。その結果、本来交渉するはずだったものが戦争となり、スペインを破ったアメリカはプエルトリコだけでなく、フィリピンまでも植民地にしたのです。

だから「怒り狂うことは得(ペイする)」というのがアメリカ人の抱く歴史の教訓になっており、「道徳的にも有利」だという価値観でもあります。怒り狂って戦争に訴えた場合、だいたい勝って得をしている。これがアメリカ人の国民的記憶なのです。あるいは民族的な癖といってよいでしょう。「道徳的に正しいと思ったら、怒るほうがいい」。戦うこと、自己の正義を力で訴えることは利益にもつながると考える、アメリカ人はそんな意識を国民的なDNAのどこかに埋め込んでいるような気がします。

真珠湾攻撃とトンキン湾事件

この点について日本人が忘れてならないのは、やはり一九四一年の真珠湾攻撃と「リメンバー・パール・ハーバー」でしょう。たしかにあれは日本のやり方が愚かでした。ハワイを奇襲する零戦が真珠湾にいるアメリカ軍艦に襲いかかる前に、ワシントンの日本大使(野村吉三郎)はタイプ打ちに時間をかけず、手書きでもよいから一秒でも早くアメリカ政府に宣戦布告文を交付しておくべきだった。あるいは最後通牒《つうちょう》を伝えておくべきでした。結局、事実とはまったく異なるのに、日本は「騙し討ちをした」ことにされてしまいました。

その手はずは整っていたのに、ワシントンの日本大使館が世紀の大ポカをやった。タイプを打てない人が最後通牒を作成したため、時間がかかりすぎたのです。このときタイプの打てる人がいたら、日本は真珠湾攻撃開始の三十分以上前に、アメリカに宣戦布告か最後通牒、あるいはそれに類するものを与えられたでしょう。

これなら真珠湾は「パーフェクトな勝利」の作戦に終わり、「わが日本は正しい」とお墨付きをもって開戦の火蓋を切れたはずです。それが結果的に〝騙し討ち〟となり、すべてのアメリカ国民に「道徳的憤怒」の機会を与えることになったのです。

アメリカ政府による、このパターンでの戦争支持の世論動員のやり方は、その後も繰り返されます。たとえば一九六四年、「トンキン湾事件」というものがありました。ベトナム戦争があれほど大きな戦争になったのも、トンキン湾で「アメリカ軍艦がベトナム軍によって、事前通告なしで一方的に攻撃された」とアメリカ政府が発表したことが大きかった。

普通のアメリカ人にとって、ベトナムは太平洋の向こうにある、名前も聞いたことのない国です。そんなところにアメリカン・ボーイズを何十万人も送り込み、戦争する必要があるのか。そうした議論はずっとありました。ところが真珠湾の日本軍と同様、何の前ぶれもなく、北ベトナムの哨戒艇《しょうかいてい》がアメリカの軍艦に魚雷攻撃を加えた。

「何と卑劣な国だ」とアメリカ世論が反応し、以後、誰もベトナム戦争に反対することができなくなった。そして大軍を次々と派遣し、五〇万人のアメリカ兵がベトナムで戦い、数十万人が死傷するというまったく無駄な大戦争を続けることになったのです。

もうお気づきのように、このアメリカ史に一貫する「道徳的憤怒の爆発」は、湾岸戦争、イラク戦争、アフガン戦争も同じです。アメリカ軍はほとんど後先を考えず、テロリストの待ち構えるイラクに突っ込んでしまった。ベトナム戦争やイラク戦争に学び、アメリカ人の性質をよく知っている国と対するときに、今後もこうしたアメリカの悲劇が起こるでしょう。

先に見た最初の三つの戦争（メキシコ戦争、米西戦争、日米戦争）は、道徳的憤怒をうまく利用した成功例でしょう。ある場合には、政府が人為的に作り出してもいる。米西戦争はまさにそうでしょう。あんなところに軍艦を派遣したら、何か事件が起こることは明白でした。だから戦争をするために派遣したとも考えられる。時には「アメリカの陰謀」だともいわれていますが、いずれにせよ、いまだに確証はありません。

理想主義はダイナマイト

以上のような歴史を見ていくと、現実主義と理想主義ではどちらが国際政治にとって望ましく、あるいは逆に戦争を引き起こしやすいかという議論は、あまり意味がないようにも思います。それよりも、こうした道徳的憤怒はなぜ起こるかを考えるほうが、より重要かもしれません。

その意味では、何が正しくて何が正しくないかといった理想主義的な理念、つまり正義をつねに強く意識する精神の持ち主ほど、どちらかといえば道徳的憤怒に駆られやすいといえましょう。

つまり理想主義は、火薬やダイナマイトみたいなものです。正義を信じていますから、騙し討ちや陰謀など、「正義を無視した」と見なされる行動を相手がした、と聞けば、平和主義から一転、極端なタカ派になります。そういう事例は歴史上に満ちていて、とくに大衆化した民主主義のもとでは、戦争が起こる大半の原因は、いずれかの国民、あるいは両方の国民の道徳的憤怒にあります。

あるいは現実主義の立場に立てば、事件が起きたときは、たとえ嘘をついてでも「道徳的に非難したほうが得」ということにもなるでしょう。実際、国際関係では、各国は秘密工作などを行なって「正義」の立場を装います。

秘密工作はヒトラーのドイツや共産主義のロシアも常套《じょうとう》手段にしていましたが、アメリカのＣＩＡ（アメリカ中央情報局）も秘密工作が大好きですから、アメリカもしばしば情報工作を仕掛けてアメリカに都合のよい世論を自国民に対し、あるいは相手国の中に広める。それでいて「自分は全然無関係」といった顔をして、民主主義の自国社会の中で国民が「怒り狂う」状況をあえてつくることが、アメリカの歴史にはよくあります。

好戦論に転向した牧師

民主主義の最大の欠点は、誤導された世論が「平和の敵」になり、どんな独裁者よりも残酷な戦争を望むようになるということでしょう。では道徳的に憤怒しなければいいかというと、何が起こっても憤怒しない人間というものが、はたして人間的といえるでしょうか。

戦争の原因を根本的に突き詰めていくと、いろいろ考えられます。たとえば、抑圧的な全体主義や軍国主義にこそ戦争の原因があり、「世界中の国が民主主義になれば戦争はなくなる」という人もいれば、いや「国連が世界政府になれば恒久平和になる」とか、「市民を抑圧する国家という存在そのものに原因がある」という人もいます。これは第一次世界大戦後のヨーロッパや戦後の日本に多く、だから「資本主義国家をなくせばいい」という議論にもなりました。

一方で、そうではなく「人間そのものに原因がある」という人もいます。人間とは、どうしようもなくいい加減な動物で、自己利益のためには、時として血に飢えた猛獣と同じになってしまう。あるいはどうしようもない阿呆で、自分が正しいと信じ、怒り狂ったら何をやり出すかわからない、とルソーをはじめ多くの哲学者が語ってきました。

実際、敬虔《けいけん》な平和主義者で「平和の理念」をいつも熱心に説いていた牧師が、米西戦争のときに突如、怒り狂って一晩で極端な好戦論に転向するといったケースもありました。そして「いまこそスペインの悪魔と戦え」と街で叫ぶ人間の弱さ、愚かさにこそ最も根本的な戦争の原因があるのではないかというわけです。

さらには、各国家が主権をもって勢力均衡を主張して対抗し合っている、という「国際秩序の構造に問題がある」と考える人もいます。古来、戦争の原因を考える議論は、だいたいこの三つに集約されます。悪い国家なのか、悪い人間なのか、世界全体の危険な構造そのものなのか。

そこから人間は愚かだからと考える人は、「人間を改善すればよい」となり、「宗教や平和教育が大事」ということにもなる。国家があるからナショナリズムも生まれるという人は、「国際連合などが軍隊をもって諸国家の上に立てば国家対立の問題がなくなり、戦争もなくなる」ということになる。

あるいは世界構造に原因があり、たとえば「世界にこんなに軍備があるからいけない」という人は、「軍縮こそ大事」となる。北朝鮮の核兵器をなくさせたければ、米露も核兵器を放棄すべきといった具合です。実際、どの国にも「各国が軍隊を持っているから戦争が起こる」という考え方の人はいまでもいます。とくに日本では。

第三講——幻滅の二十世紀

すべての議論は十九世紀末から二十世紀初頭に生まれた

先回まで、昔の西ヨーロッパを中心とする話をしてきました。この時代をとくに重視するのは、やはり第一次世界大戦の頃、あるいはそれが終わってから第二次世界大戦までの二十年ぐらいが、まさに現代の世界を形づくっているからです。

とくに精神面、思想面では、この時代にだいたい戦争と平和をめぐる今日の問題はすべて出尽くしました。これは二十一世紀に入っても変わらず、当時のことをきっちり勉強したら、いま行われている議論がバカバカしく思えるほど、すべてのオリジナリティは当時にあります。

いま問題になっている議論はすべてといってよいほど、十九世紀末から二十世紀初頭、一八九〇年頃から一九二〇年頃までの三十年のあいだに浮上しているといってよいでしょう。

人間の世代は、俗に「一世代三十年」といいます。この三十年ぐらいで、いろいろな新しい思想や人間の考え方、たとえば資本主義がいいのか悪いのか、市場経済はどのような問題を持っているのか、金融の働きは市場経済にどのような意味を持つのか。戦争と平和の問題と軍備の問題はどう関わるのか、階級が違うと人種が違うよりも大きな収入差や格差が生じることがあるのはなぜか、あるいは男と女の関係、ジェンダーとは何か、といった疑問まで、実は百年前のこの時代にすべて生まれているといえるでしょう。

社会科学のような人間の本質を考える学問、フロイトやユングの心理学、そして自然科学ではアインシュタインの相対性理論も、ハイゼンベルクの量子力学も、全部この時代のものです。端的にいってこれ以後、新しい学問は何も生まれていません。核兵器の原理も、このときにできました。宇宙生誕の原理もわかった。数学もおおむね究《きわ》め尽くし、非ユークリッド幾何学ができて空間の歪みの問題や、人間の認識できる科学の限界という考えが出てきます。

マルクスやレーニンの重要な著作も、ほとんどこの時代のものですし、マックス・ウェーバーの近代経済学やアルフレッド・マーシャルの新古典派経済学も、この時代で終わっています。文明の衰退論や衝突論を論じて大ベストセラーになったシュペングラーの『西洋の没落』が著されたのも一九一八年で、ヒトラーやスターリンはこの本を読んでいます。

つまりコミュニズムもファシズムもこの時代に用意されたもので、いまのウォール街やサブプライムローンにまつわるような問題も、マルクス主義の立場からですが、ヒルファーディングの『金融資本論』に余すところなく書かれています。

二十世紀最後の「幻滅」

この時代以後に初めて登場した、新しいものがあるとしたら「幻滅」つまりニヒリズムでしょう。十九世紀末から二十世紀初頭の時代は、まだ人間に夢を持っていました。人間は素晴らしいもので、西洋文明の未来は輝かしいものと思っていた。ところが二十世紀を通じて、そうした希望は失われた。第一次世界大戦の経験ですでに大きく失われつつありましたが、その後、人類はファシズムやホロコーストを経験します。当時の人は、まだこれらを知りません。近代文明が極致にまで発展すると、種としての人間そのものを自ら絶滅させようとする衝動が人間の内面から現れてくる。シュペングラーはそういう暗い面に気づくのです。

つまり思想的に見ると、十九世紀末から二十世紀初めにかけて西洋思想がドン詰まりに行き着いた結果として起こったのが、第一次世界大戦なのです。そしてこれが西洋文明や、人間の「限りなき未来」を信じるという本来非合理なそれまでの楽観論に対し、ものすごい幻滅を与えました。

それを十分に経験しなかった国、たとえばアメリカや日本は第二次世界大戦後、そのリピート（繰り返し）をやるのですが、しょせん、第一次世界大戦で西欧の民主主義国が経験した幻滅を上回ることはないでしょう。これは民主主義の政治形態を取ろうと、それ以外の政治形態を取ろうと同じだったと思います。

ただ幻滅ということでは、「二十世紀最後の幻滅」が、共産主義あるいは社会主義の崩壊でしょう。共産主義や社会主義は、最終的に人間の救いにならなかった。矛盾に満ちた資本主義や民主主義とは違う、もう一つのより〝高次な〟主義主張によっても人間は救われないという絶望が、現代文明の中に刻まれた。これがベルリンの壁が崩壊した一九八九年、あるいはソ連が解体した一九九一年、つまり二十世紀の終わりです。

二十世紀は、近代初めに生まれ、素朴な楽観主義を支えた多くのものが幻滅し崩壊していく世紀だったといえます。たしかに共産主義だけは、輝かしい理想として生きつづけていました。それがいまから二十年ほど前に、「これもダメ」という答えが出たのです。

二十年ほどの差はありますが、ほぼ時を同じくして「アメリカン・ドリーム」も潰《つい》え去ってしまいました。現代の国際政治秩序の根本的な崩れの原因は、ここにあるのです。

『蟹工船』と日本海軍

ところで近年、小林多喜二《たきじ》の小説『蟹工船』が再び若い人のあいだで読まれているそうですね。私たちの世代は、みんな学生時代に小林多喜二を読み、たとえば『蟹工船』は高校生ぐらいで必ず読んでいます。この本がなぜいま売れているかというと、非正規労働の若者が読んでいるようです。残業してもその分の賃金をもらえず、タダ働きさせられる。「名ばかり管理職」として、安い賃金でこき使われる。文句をいおうものなら一瞬にしてクビになる。労働者の権利が全然守られておらず、そんな世界に住む若者からすると、たしかに多くの人々が共感するようなストーリーです。

『蟹工船』は、一九二九年に書かれたものです。小林多喜二は文学者ですが、日本共産党の工作員でもあった人で、この物語はオホーツク海に出かけて蟹を獲《と》る船に乗っている工員の悲惨な生活と労働を描いたものです。

日露戦争に勝った日本は、オホーツク海全域で漁業権を得て、オホーツク海の奥の奥まで蟹を獲りに行けるようになりました。カムチャツカ半島の北側まで行き、獲った蟹を船内で加工して缶詰にする施設を持った船が、蟹工船です。

その船で働く工員は、酷寒のオホーツク海で、揺れる船の中で一日中働かされ、不当に賃金を搾取される。そんな様子が描かれていますが、最後に工員たちは立ち上がり、団結して反乱を起こします。

当時のオホーツク海は日本海軍の制海権の下にあったから、騒ぎを聞きつけた日本の駆逐艦が取り締まりにやってきます。日本の帝国海軍の軍艦を見たとき、争議を起こしていた蟹工船の工員たちは喜びます。「お国が助けにきてくれた。天皇陛下は私たちの哀れな境遇に同情してくださっている。だから海軍が助けにきたのだ」と考えたのです。

ところが現実には軍艦に憲兵が乗っていて、労働争議を弾圧しにきたものだった。小林多喜二はこのように描くことで、国家というものが資本主義的搾取の道具であるというマルクス主義の主張を宣伝しようとしたのです。

なぜ「改革」は成功しないのか

この『蟹工船』で描かれた悲惨な労働環境が、いまの若い人の境遇と同じように見えるのでしょう。住居費も払えず、住むところもない。インターネットカフェで寝泊まりし、食費も一日二〇〇円程度しかない。日本の労働者で、年収二〇〇万円以下の人は一〇〇〇万人以上います。たしかにこれはひどい話で、なぜこんなことになったのか。

『蟹工船』の時代は、マルクス主義がそういう環境を解決するものとして、まだ幻滅の対象になっていませんでした。ですからこの本はその後長らく、左翼運動や革命運動のバイブルになりました。

とはいえ私たちの学生時代、一九六〇年頃にはもう「古い話」という印象でした。『蟹工船』は戦前の話であり、戦後はグラムシやブノワの『構造革命』など、いろいろな革命理論が日本にも入ってきます。だからこの本のいわんとするところは、もう時代遅れになっていた。それがここへ来て何十万部も売れている。これが若い人の労働条件の悪化を示すものだとしたら、大問題です。

ただ、これは日本だけの現象で、諸外国では起こらないと思います。外国では労働者の権利を守る大組織が、政治の一角として大きな勢力を占めていますから。アメリカの民主党も、イギリスの労働党も、ドイツの社会民主党も、二大政党の一つです。しかも労働者の権利を守ることを、非常に重要な党是にしています。日本の民主党の場合、そのあたり意識がどうなのか曖昧です。

とくに自民党一党体制のときに、冷戦が終わり「共産主義の脅威がなくなった」と考えはじめたグローバル資本主義のもとでは、誰も労働者を守ろうとしないのは当然かもしれません。なかでも二十一世紀に入ってからの五年間は「小泉改革」の名のもと、そのような構図が定着してしまった。これが今日の問題を引き起こす大きな要因になったことは間違いないでしょう。

しかし若い労働者の生活を守ることは、国や民族の大きな未来に関わる話で、本来は保守の政治家が、熱心に追求しなければならない問題だったのです。また資本家の利益や市場経済のシステムを守るといっても、そもそも誰の利益なのか。資本家とは日本人なのか、外国人なのか。この問いが今後はグローバリゼーションの進む中、逆に鋭く問われるようになるでしょう。

ひと昔前、自民党が「日本の経済界を守る」といえば、それは国民の利益を守ることでありました。資本家といえども日本人であり、日本政府に税金を納めていました。しかしいまや日本の資本家が必ずしも日本に税金を納めているとは限りません。外国に工場を持ち、日本には本社だけ置いて、税金は全部連結決算にして、タックス・ヘイブンの国に納めている企業もあります。

そんな企業の経営者は、いくら顔つきや国籍が日本人でも、明確に「日本資本」とは認められません。そもそも、そのような資本家の利益をはたして守る必要があるのか。これは今後、必ず浮上してくる大きな課題でしょう。

逆に外資でも、日本にやってきて日本で税金を納め、日本のルールを守るなら、その限りでは日本の国益に資《し》する存在です。しかし、そのルーツはやはり外国にあります。たとえば戦争になったとき、どうなるか。つまり国際政治というジレンマは永遠に残るわけです。

繰り返されるグローバリゼーションとナショナリゼーション

これからの経済社会を考えるときに重要なことは、「国家」という枠組みをどう考えるかです。「自分に賃金が入ってくればいい」「自分が高給をもらえるなら、どこの国の企業でもいい」「どの国に税金を納めているかなど関係ない」。このような意識でいまの若い人は経済社会を理解していますが、これはやはり国際関係の破綻という究極のシナリオを捨象した、軽薄なグローバリズムの一つだと思います。また、自分のアイデンティティと相反する経済活動を是認するのは、人間にとって必ずしも自然な行動とは言い切れない。

われわれ普通の日本人から見て、日本に税金を払い、日本に帰属意識を持っている企業とそうでない企業は、やはり白と黒ほど違います。グローバル化が一方的に拡大する時代は、いずれ終わります。「ピークアウトする」といってよいでしょう。そのとき、どこの国に属しているかが再び重要な時代になってきます。これを「リ・ナショナリゼーション」、つまり「再国家化」と呼べると思いますが、この流れは、すでに見えはじめています。

いまの日本に広がっている、グローバリゼーションが永遠に続くかのような議論は明らかに間違いで、仮に世界の一体化が近代史の大潮流であったとしても、それには必ず揺り戻しがあります。行きつ戻りつしながら、何百年という単位で一つの方向へ向かっていく。つまりグローバリゼーションとナショナリゼーションを繰り返しながら、近代史は動いていくのです。

世界が再び一つになった十八世紀

近代のグローバリゼーションはもともと、「地理上の発見」が大きく関係しています。十六世紀のマゼランの世界周航により、いわば第一次グローバリゼーションが始まります。これにより世界がリアルタイム（とはいえ、いまと比べはるかに長いタイムスパンですが）で一つにつながり、日本にポルトガル人やイスパニア人が来たのもこの時代です。その後オランダ人も来たし、徳川時代の初めには、日本に来た最初のイギリス人ウィリアム・アダムズもやってきました。

それが十七世紀に入ると、ヨーロッパ各国が重商主義政策を取りだします。自国の経済国益を中心に考えるようになり、世界の貿易市場は国境によって再分割されていきました。第一次リ・ナショナリゼーションといってよいでしょう。この重商主義の時代は、十八世紀の終わり頃までかなり長く続きます。その後、産業革命が起こり、アダム・スミスが出てくるまでずっと重商主義の時代だったといわれます。

日本はこうしたグローバル化の流れに、最も強烈に反応しました。それが鎖国で、日本の鎖国は第一次グローバリゼーションに対する最も鮮烈な反応だったと考えていいでしょう。その後、アジアでも北アメリカでも、オランダとイギリスによる植民地の争奪戦が起こっていました。これが十八世紀終わりまで続きます。

ところが十八世紀終わりから、イギリスでは産業革命が始まります。産業革命は産業だけでなく、通信革命や工業革命、交通革命にまで発展します。蒸気船も電信も、産業革命が生み出したものです。

これで世界は再びリアルタイムで一つになりました。蒸気船を使えば、太平洋はひとまたぎです。電信網を引けば、それまで郵便で二カ月かかっていたロンドンからインドまでたった三日で通信のやり取りができるようになりました。十九世紀半ばのことです。

この頃、日本にペリーが来航します。蒸気船に乗って浦賀水道までやってきた。実はペリーは太平洋を渡ってきたのではなく、大西洋から喜望峰を回ってインド洋を進み、マラッカ海峡を抜け、南シナ海を越えて、香港に入港しました。当時の香港や上海は、世界の港でした。そこから琉球を経由し、日本に来たのです。とはいえアメリカ海軍の使節が大統領の親書を持ってきたのですから、これはある意味、「太平洋を横断してきた」といっていいでしょう。

イギリス商人に金をもらって動いた坂本龍馬

ここで当時の日本の情勢について少し触れておきます。ペリー来航に驚いた日本人は「太平の眠りを覚ます蒸気船」といいましたが、産業革命は日本にとって本当に大災難でした。当時は「西力東漸」といわれるように、西洋の力が東にやってくる時代でした。蒸気船に乗って西洋の勢力がアジアを侵略し、植民地にしはじめました。

しかも日本の場合、単純な西力東漸ではありません。日本はユーラシア大陸の東の端にあり、太平洋を越えると北アメリカです。実際はインド洋経由でしたが、国際政治的にはペリーは「東から」日本に来て「開国せよ」と要求し、もし拒めば日本を侵略すると威《おど》した。

江戸湾に入って、どんどん空威《からおど》しの大砲を撃つ。品川沖のお台場で撃つのですから、当時の日本人は当然、腰を抜かします。これは明らかに侵略です。ただペリーはまだ紳士的なほうで、国書を受理して、日本が開国すればともかくは済んだ話でした。

ところがもっと恐ろしいのは、北から来る勢力です。毛皮を求めてシベリアをどんどん東進してきたロシア勢力が、陸地がなくなると今度は南に下がり、樺太、千島、北海道とやってきました。東から、そして北からと、こんな目に遭った国は、ユーラシア大陸でもそうありません。

もっと陰険なやり方で日本を侵《おか》しにきた勢力もいました。最も恐ろしいのがイギリスで、何しろ大海軍をもってユーラシア大陸の南を回り、インドを侵し、中国にアヘンを持ち込み戦争を仕掛け、その挙げ句、日本列島にやってきて日本の内政にまで介入し、「幕府を倒せ」と薩摩・長州をけしかけたのですから。

西郷隆盛や坂本龍馬に賄賂を渡し、「鉄砲を渡すから、これで幕府を倒せ。開国して自由貿易のマーケットをつくれ」と指示した。その指示に従い、〝イギリスの飼い犬〟のように動いたのが坂本龍馬だったというのは、最近よくいわれることです。

長崎県にいまでも「グラバー邸」が国の重要文化財として残っていますが、グラバーは武器商人で、兵器をイギリスから運んでは日本人に売りさばき、戦争を煽りました。グラバーからお金をもらって動いていたのが坂本龍馬です。これは間違いありません。ただし「国を売っていた」といえるかどうかは、証拠がないのでわかりません。

西郷隆盛の西洋人観

薩摩の西郷隆盛もグラバーには世話になり、長州の高杉晋作も最新鋭の武器をグラバーたち「死の商人」から買い込みました。その武器があったから、彼らは幕府を倒すことができたのです。その意味では恩人ですが、やはり日本の植民地化を目的としていたことは確かでしょう。

その点、さすがは西郷隆盛で、立派に西欧帝国主義の本質を見抜いていた。「西洋人は野蛮だ。奴らの爪や牙は利用すべきだが、けっして座敷に上げてはならない」と述べています。そして鎌倉幕府討伐で名を成した楠木正成を例に挙げ、「機略や戦略を働かせて西洋人を騙し、彼らの優秀な武器を使って幕府を倒す。しかし日本国内の政治には、ひと言も口出しさせてはならない」というのです。

西郷隆盛と坂本龍馬の違いはよくわかりませんが、龍馬は倒幕に反対でした。幕府を残し、幕府のもとで開国して、世界で貿易を行う。貿易商社をつくり「イギリスみたいな経済大国になる」というわけで、この貿易商社が海援隊です。一方の西郷は、そんなやり方では必ず夷狄《いてき》の植民地にされると考えました。幕府は完全に倒さなければならない、たとえ徳川が大政奉還しても許すな。「徳川慶喜の首を取れ」といって、江戸まで攻め込むのです。

日本では西と東が戦争をすると、だいたい東が勝ちます。壬申《じんしん》の乱や源平合戦からそうで、関ヶ原もそうです。唯一、西が勝った戦争が戊辰戦争です。

薩長軍が錦の御旗、つまり天皇の権威を笠《かさ》に着て、東海道を東に攻め上がり、江戸の町を占領し、江戸城を接収した。そこにいまだに天子様はお住まいになっておられる。関西の人間からすれば、あれは「短期出張」でお出かけになったはずなのですが、帰ってこられない。このことは日本のいろんな問題にも通じています。戊辰では西が勝ったはずなのに、大東亜戦争で再び東（米国）に負けたからかもしれませんね。

欧米人と共に日本を文明国にしようとした

では西郷や坂本は、どんな日本をつくりたかったのか。これは少し謎ですね。明治維新の立役者にもう一人、大久保利通もいます。彼もやはり西洋人は野獣で、日本国内のことに口出しさせてはならないと考えていました。ただし彼は大変な戦略家ですから、ニコニコとおつきあいして、西洋人を利用しようとした。

大久保は西洋から大いに学ぶべきとも考え、国家統治のやり方を学び、日本にも議会政治をつくるべきだといっています。さらに西洋のように産業革命も進める。文明開化論者です。イギリスの公使、オールコックやパークスは絶対に嘘をいって騙そうとするから、けっしていうことを聞いてはいけない。ただし反抗したら、すぐに大砲を撃ってくるから、やたらと事を構えてはいけない。そんなこともいっており、この辺は非常に戦略的ですね。

一方、龍馬はわりに西洋人を信用していますね。欧米人と共に、日本を文明国にしようとした。「日本を今一度洗濯いたし申し候」などと書いた書簡が残っていますが、あれもグラバーの資金がかなり懐に入ったからかもしれないですね。

龍馬を暗殺したのは、薩摩ではないかという説がありますね。四条河原町を少し北に上がったところに「坂本龍馬　中岡慎太郎遭難之地」と書いた石柱が立っていますが、下手人はいまだわかっていません。幕府の見廻り組という説がありますが、やられたのは慶応三年（一八六七年）の十一月十五日です。すでに大政奉還は十月に行われ、幕府はもう終わっています。そんな幕府が龍馬を殺すでしょうか。

強烈な復讐を受けることはわかっていますから。

十二月九日に「王政復古の大号令」が出され、ここで江戸幕府は理論上、完全に絶滅します。徳川慶喜は打ち首、領地は召し上げ、神武天皇の時代に戻って日本を天皇中心の国家体制にすると宣言したわけですから。五箇条の御誓文もできつつありました。

大政奉還はもともと徳川慶喜が「もう幕府では政治運営ができません」といって、自らの意思で朝廷に政権を返したものです。ただし、日本全土の統治など朝廷にできるはずがないとも思っていました。だから朝廷はもう一度、徳川に「やれ」といわざるを得ない。そこを逆手に取って、今度は幕府に有利な日本の政治改革を行うというのが大政奉還の目的でした。

たとえば政治総裁を徳川慶喜が務める。幕府ではなく、近代日本政府の一番トップに徳川が座り、天皇は象徴で十分という、いまの政治体制に近いものを慶喜は考えていました。

そうはさせじと、徳川を完全に倒そうとして西郷と大久保が岩倉具視と組んでやったのが「王政復古」で、この間に坂本龍馬は殺されたのです。龍馬の描いたビジョンは、本質的に徳川中心で日本の近代化を進めるべきだ、というものでした。これは土佐藩の考え方でもあります。

そう考えれば、薩摩藩あるいは長州藩にとって邪魔だったのは龍馬で、もしかしたら西郷や大久保が命令を下していたかもしれません。蓋然性《がいぜんせい》、利害関係だけでいえば「薩摩説」というのは合理的です。

大東亜戦争は幕末以来の日本文明を守る戦い

明治維新に至る時期、薩長と組んだイギリスは次々と幕府に難題をふっかけ、日本を侵略しようとします。「神戸を開港せよ」「横浜を開港せよ」「治外法権にせよ」といった具合で、さらには「貸したカネを返せ。返せなければ、上海のようなイギリスが管理する租界（植民地）を部分的に寄越せ」と、イギリスが植民地化するにあたっての口実として、債務取立てというイギリス帝国主義の「専売特許」をたえず持ち出します。つまりイギリスは、アメリカやロシアと比べはるかに大きな脅威だったわけです。

いずれにせよ、このような恐るべき三大勢力に、東、北、西から同時に脅かされた非ヨーロッパ圏の国は日本だけです。北からはロシアが南下、西からはイギリスをはじめフランス、オランダなどがやってくる。東からはペリーが来て、アメリカが強圧を加える。

いまもそうですが、結局、日本が位置する地政学的環境というものが、近代に入って世界中で最も危険なものになったということです。日本がもう少し西にあれば、ヒマラヤ山脈があるからロシアは下りてこられません。アメリカの手も届かない。もっぱらイギリスなどヨーロッパ勢を相手にしていればいい。ところがユーラシア大陸の東の端で太平洋の西の端ですから、四方から攻められやすい、ということです。近代日本が軍事大国にならざるを得ない宿命的な要因が、開国したときからあったということなのです。これはいまも変わりませんから、パクス・アメリカーナが終焉すれば、再び似たような宿命に直面する可能性があるのです。

さらに悪いことに十九世紀の当時、お隣の中国は、植民地化の最適なマーケットになっていました。中国めがけてロシアや西ヨーロッパの勢力がたくさんやってきて、その余った力が日本にも向けられたのです。

このことは明治維新あるいは明治国家を考えるときに、絶対に外してはならない環境条件です。つねに三大勢力から同時に脅かされた日本。世界に例のない、地政学的な悪条件。ここから出発しなければ、日本近代史を論ずることはできません。

そして結局日本は、日本を侵略しようとやってきた勢力すべてと戦争をすることになりました。日露戦争も第二次世界大戦も、始まりはすべて幕末にあります。三大勢力をいかに日本から追い払うか、という幕末の「尊皇攘夷《そんのうじょうい》」という考え方で行われたのが、日本にとっての日米戦争であり第二次世界大戦であり、大東亜戦争なのです。

至って当たり前の『大東亜戦争肯定論』

このような考え方から書かれたのが、林房雄《ふさお》の『大東亜戦争肯定論』です。一九六三年から六六年にかけて書かれたもので、いまならこのような議論は自由にできますが、当時こんな議論をしたら、安心して道を歩けませんでした。左翼勢力や過激な反戦平和主義の勢力に襲われる可能性もありました。しかも戦争でひどい目に遭った人が、まだたくさん生きていた。「お前はあの大東亜戦争を肯定するのか」と非難されました。

実際に、彼は鎌倉の街を歩いていて何度も暴漢に襲われています。一九六六年は私が京都大学にちょうど入学した年で、この本に日本の知識人は皆、「狂った右翼が出した本だ」などと驚いていたものです。

ところがいま読むと、至って当たり前の内容です。当時は犯罪者かギャングが書いた本のようにいわれ、林房雄はこの本を書いたためにその後、出版界から追放のような扱いをされました。しかし最近出た復刻版の本書（夏目書房）を見ると、彼が繰り返し主張していることは、まさに私がいま縷々《るる》述べてきたことなのです。

文明の問題としての戦争

幕末日本は外国勢力によって侵され、脅かされた。そして、その脅威は二十世紀に入っても続いた。昭和に入って最後の最後に、これら三国（つまり米英露）から同時に攻められた。その結果、日本はあの戦争に敗れたのです。

だから林房雄はこれを幕末以来の「八十年戦争」だといいます。終戦が一九四五年ですから、一八六五年頃から始まった戦争というわけです。そして、この戦争を「文明間闘争の問題として論じよ」と主張しています。

この戦争は、普通の「戦争と平和」という政治問題として論じることはできない。日本文明が侵されようとした。それに対し、立ち上がったのが日本の開国であり、明治維新であり、さらには文明開化、富国強兵である。この八十年、これはまさに「尊皇攘夷の戦い」であった、と議論を展開しています。

当時は変わった議論の仕方だと思いましたが、いま見ると、これはハンチントンなどのいう「文明の衝突」の話なのです。八十年という歳月の中で見た、一大文明史論です。

日本人が国際関係を考えるときに一番大切なのは、世界は「近代文明」という一つの文明、「近代化」という一つの普遍的価値では考えられないということです。つねに諸文明の交流の問題を意識し、何が「正しい平和」かを考える必要があります。

先ほどの『蟹工船』や非正規労働者の問題にしても、結局は価値観や考え方の問題です。西洋では市場経済というのは、労働者と資本家の契約によって決まります。とはいえ契約書にハンコが押してあれば、何をやってもよいのか。契約はそれほど神聖なものなのか。このような「正義の観念」は、文明によって少しずつ、あるいは大きく違います。

アングロサクソン由来の学問を直輸入できるか

ではわれわれが国際政治を学ぶとき、どういう姿勢で学ぶべきか。国際政治学や国際関係論という学問は、「アングロサクソン・サイエンス」といわれることがあります。少なくとも学問の始まりは、おもにイギリス人やアメリカ人が始めたものです。そしていまも圧倒的に主流をなしています。しかし彼らの考えをそのまま直輸入して、われわれが戦争と平和の問題や国際政治を考えることはできるでしょうか。

自然科学でさえ、数学者の岡潔は「日本的サイエンス」という言葉をしきりに使いました。日本人の数学は、日本の文化や文明、アイデンティティと切っても切り離せないというわけです。哲学者の西田幾多郎や、物理学者でノーベル物理学賞を受賞した朝永振一郎も、同じようなことを言い残しています。

国際政治学や国際関係論を学ぶにしても、地政学上、世界に類のない苦難の歴史を背負っていた近代日本が、イギリス人やアメリカ人と同じ学問観、世界観を持てるでしょうか。これはかなり根底的な問題です。

彼ら両国民の思考の特徴はいずれも覇権国、つまり世界支配を経験した国であることに由来していることです。そして何度もいいますが、国際政治学や国際関係論はアングロサクソン起源の学問ですから、書かれた書物は圧倒的に英語です。世界中の主たる研究機関も圧倒的にイギリスかアメリカ、あるいはカナダ、オーストラリア、シンガポール、南アフリカなど、アングロサクソンの出店みたいな国に置かれています。

そのため、この学問は「英米的な知的伝統の中から出てこられない」「普遍化の度合いが低い」などとフランス人やドイツ人からは悪口をいわれますが、同時に考えなければならない問題は、近代世界史は過去二百五十年ぐらい「英米による覇権」の時代が続いているということです。

「世界の覇権国」と聞いて浮かぶ国が明らかなように、この二国は二十世紀にあった三つの世界大戦のすべてにおける戦勝国です。第一次世界大戦、第二次世界大戦、そして冷戦です。冷戦も世界大戦ですから、これを忘れないようにしてください。

米ソは戦わなかったけれど、代理戦争として朝鮮戦争やベトナム戦争、中東戦争をはじめ、世界中で何百万人が命を落とした戦争が冷戦期間中、たくさんありました。アフリカ各地の代理戦争まで含めると、冷戦中の東西対立に由来する戦争で命を落とした人の数は、第一次世界大戦をはるかに上回ります。

この三つの世界大戦の中で、日本は第一次世界大戦にちょっとだけ参加して戦勝国になりました。そして英米と並んで世界の三大国の一つといわれ、国際連盟の常任理事国にもなった。ところが第二次世界大戦では、敗戦国になった。いまだにその尾を引いて、いくら経済大国になっても国際連合の常任理事国にしてもらえません。

「上げ底戦勝国」のフランス

冷戦では、日本はいちおうアメリカの同盟国として「勝ち組」に身を置きましたが、完全に西側のリーダー国家だったわけではありません。どちらかというとお金儲けに専念し、そこから日本は「エコノミック・アニマル」といわれもしましたが、いちおう勝ち組に属していたことは確かです。

逆に悲惨なのがブルガリアやドイツの東半分の人たちで、三つの大戦のすべてで負けています。第一次、第二次世界大戦とも敗戦国で、冷戦でもソ連の衛星国で、やはり「敗戦国」です。

ロシアは、第二次世界大戦だけは勝っています。だからいまだに北方領土を返さない。日本の外務省が「返してくれ」というと、「返してほしければ次の戦争で勝て」と、ロシアの外交官は平気でいいます。ひどい話ですが、そういう論理の国ですから仕方ありません。

フランスはいちおう三つとも勝っていますが、第二次世界大戦では青息吐息でした。ナチスドイツに敗北して四年間、全土を占領され、アメリカ・イギリス軍のおかげで解放してもらいました。完全な「上げ底戦勝国」です。

そう考えると三つの大戦に勝った国は、アメリカ、イギリスだけです。だからすごいわけで、覇権国としていまだ世界を牛耳ることもできるのです。

世界の文明を支配したパクス・ブリタニカ

さらに遡《さかのぼ》ると、アメリカよりもイギリスのほうが老舗《しにせ》です。アメリカは「成り上がり」ですが、イギリスはナポレオンを倒しました。だからナポレオンに勝利してから第一次世界大戦までの時代を「パクス・ブリタニカ」といいます。一八一四年から一九一四年までの百年間は、イギリスによる世界覇権の時代です。

経済力も圧倒的に世界一で、世界の基軸通貨はイギリスのポンドでした。いまはアメリカのドル以外に、ヨーロッパのユーロもあります。通用圏は狭いけれど、日本の円や中国の元もいちおう国際通貨になり始めています。

ところが十九世紀の百年間は、世界通貨はイギリスのポンドただ一つです。金本位制のもと、金と交換できるのもイギリスのポンドだけでした。他の国のお金は、ポンドによって保証されて初めて通用したのです。

イギリス海軍は世界の海を支配し、いまのアメリカ海軍どころではありません。緯度や経度というものをつくり、世界地図をつくったのもイギリスです。だから経度ゼロ地点はロンドンのグリニッジ天文台なのです。

イギリスの組織名には、あえて自国名をつけないことが多いのはなぜか。たとえばイギリスのサッカー協会は「ザ・フットボール・アソシエーション」です。本来なら「ブリティッシュ・フットボール・アソシエーション」なのに、ブリティッシュを付けない。いまフットボール協会は世界中にありますが、できたときはイギリスにしかなかった。だから付ける必要がなかったのです。

自動車連盟もそうです。日本の場合はＪＡＦで、これは「ジャパン・オートモービル・フェデレーション」の略です。アメリカならAAA、「アメリカン・オートモービル・アソシエーション（全米自動車協会）」となります。みんな国の名前を頭に付けていますが、イギリスだけはAA、つまり「オートモービル・アソシエーション」です。

世界の海図をつくったのも、国際郵便システムをつくったのもイギリスです。パクス・ブリタニカですから、この百年間に出来上がった近代的な制度の多くは、イギリス起源なのです。

私たちが着ている服も、もとは十九世紀に生まれたイギリスのファッションです。「背広」という言葉は、市民服を表す「シビル・クロウズ」、あるいはロンドンの仕立屋街「サヴィル・ロウ」が訛《なま》ったものといわれます。

われわれが「食パン」といっている、あのパンの焼き方もイギリスで開発されたものです。いまのアメリカの影響力どころではありません。イギリスは国際政治だけでなく、世界の文明も支配していたのです。

言語を決めるのは戦争である

英語が世界語になるのも、このときからです。かつて世界語といえば、いろいろな言葉がありました。アジアで「世界共通語」といえば中国語、正確には漢文で、漢字で書かれた文章を見せれば、だいたい通じました。ヨーロッパはラテン語でした。南北アメリカは、大航海時代からかなりの間スペイン語でした。

その後ヨーロッパ圏では、十八世紀中頃までフランス語が外交用語になります。ロシアの貴族でも、フランス語で教育を受けました。これはブルボン王朝が力を持ったからです。ローマでもフランクフルトでも、お金持ち、優雅な人、召使を連れているような人は、みんなフランス語を話しました。英語はずうずう弁のようなもので、大陸に渡っても英語で話す人はみんなバカにしていました。

戦前の東京でも、ずうずう弁を話す人は差別されましたが、要するに言語とは力関係を表すもので、国際関係でいえば覇権のバロメーター、少なくいって文化上の世界支配権を表します。世界語が英語になっていくのは、明らかに英米の覇権という国際政治が関係していました。

たとえば「ワーテルローの戦い」（一八一五年）でナポレオンを倒したのは、ウェリントン率いるイギリス軍です。もしこの戦いでナポレオンが勝利していたら、フランスの覇権が続き、パクス・ブリタニカは成立しなかったでしょう。アメリカ合衆国はフランスによって占領され、北アメリカはおそらくフランス領土になる。英語は「世界のずうずう弁」のままだったはずです。

つまり戦争が言語を決めるのです。これが冷厳な世界史的現実です。冷戦でソ連が勝っていたら、おそらくわれわれはロシア語を話さなければならない。あの難しいロシア語の格《かく》変化を一所懸命覚えなければならなかったでしょう。

第一次世界大戦でドイツ軍がイギリスを占領していたら、京都大学は「万々歳」でした。当時の京都大学は、ドイツ研究のメッカでした。いまでも京大は、ドイツ語を選択する学生が全国の大学でも一、二に多いですね。それぐらい第一次世界大戦以来の影響があり、第一次世界大戦中はドイツが非常に勢いづいていました。

この戦争の勝利者は必ずドイツだ、と日本人は皆そう思って、学生も争ってドイツ語を取った。ドイツ語の先生も一気に増えた。ところが蓋を開けると、ドイツは負けてしまったのです。

英米的な偏見と先入観を乗り越える

現在、「パクス・アメリカーナはそろそろ終わりだ」という人もいますが、これだけ英語が普及していることは事実です。「米英覇権」という近代史の一大現実はもう過去のものかもしれませんが、この事実は、国際政治学や国際関係論の決定的な本質になっています。

ですからわれわれもつい、英米的発想や考え方をしがちです。たとえば「戦争と平和」という問題を考えるとき、英米人は「戦争は戦争、平和は平和で、まったく違う」と考えます。「戦争は武力を行使する現象」「平和は武力を行使しない現象」と考える。

非常に即物的で、戦争さえ起こらなければ平和だという。ただしこれには、矛盾があります。世界に飢餓で苦しむ人が大勢いて、地球環境もボロボロになっている。それでも大きな戦争はないから平和だと、本当にいえるでしょうか。

彼らは実用主義でもありますから、ご都合主義で柔軟に原則を変えるところもあります。さらにお金中心で、国際金融を重視する。世界的に広がった、自由に取引される金融が世界平和のために非常に大事である、というのは、やはり英米的な考え方です。

そこから国際金融の発展にとってプラスになるような国際政治の考え方が、いい考え方となる。すると思想的には、世界で規制をすべて緩和していくのがいいという、極端な経済リベラリズムの考え方が、どうしても主流になります。

こういう特定の文化（その多くは覇権国の文化）に根ざす偏見、先入観が、国際政治学や国際関係論という学問にはどうしてもある。だから直輸入して日本人がこれを学ぶと、かなりおかしな学問になってしまうと私は思うのです。というのも、日本には日本の歴史的な経験や価値観があり、日本の立場を考えたうえでの国際政治学、国際関係論を作り出していく必要があるのではないか。これがこの三十年ほどの私の問題意識でもあります。

第四講

アングロサクソンとは何か

「アングロサクソン的な学問」としての国際政治学

前回も述べたように国際政治学、国際関係論という学問は、日本人にとっては輸入学問です。他人の言葉で語り、他人の目で世界を見る。そういうところが濃厚にある学問です。残念ながら日本には、自前の国際政治学、国際関係論という学問はいまだに誕生していません。そう言い切ってよい、と思います。そのためこの学問の特徴を考えることは、そのまま「国際政治とは何か」を考えるときの一つのテーマになります。

米欧の学校や社会では、この分野はよく「ＩＲ」と呼ばれます。「インターナショナル・リレーションズ（国際関係）」の略で、大学でも「君はＩＲの単位を取ったかね」などといいます。アメリカの学生だけでなく、英語圏では一般の知識人もこの略語を使っています。

現代の日本でも、多くの大学で国際政治学、国際関係論といった科目が設けられ、いろいろな授業が行われていますが、やはりまだ日本の学問になりきっていない。それはなぜなのか。まずここをしっかり押さえておく必要があります。

国際政治という学問の特質を、ここで端的にまとめてみます。

第一に挙げられるのは、本質的に「アングロサクソン的な学問」ということです。つまり英米文化と密接につながっている。明確なアングロサクソン性を持っている、といってもいい。ですから、国際政治学や国際関係論という学問を学ぶに際しては、まずその背景になっているアングロサクソン的なものの考え方や発想、英米の政治思想や文化、歴史的経緯などをできるだけ詳しく知っておく必要があるのです。

ところが日本の教育やメディアでは、手段としての英語や英文学を超えて、そうした英米に固有のものの本質についてはあまり立ち入って教えようとしません。これほどアメリカ（かつてはイギリス）の大きな影響を受けている日本の教育としては、実におかしな話というほかありません。そこでアングロサクソンの本質について、少し掘り下げて考えてみることにします。

ちなみにアメリカ人やイギリス人を「アングロサクソン」というと、少し人種主義的な響きがあります。アメリカでアングロサクソンというと、イギリス生まれのプロテスタントで、アメリカに移民してきた人たちの子孫です。白人で、「クリントン」「ジョンソン」といったファミリーネームの人たちです。警察の手配書などで「アングロサクソン」と書いてあれば、白人で背が高い人を想像します。

そしてまた、「アングロサクソン」という表現は、彼らを批判するときによく使う言葉でもあります。フランス人はよく「俺たちはアングロサクソン的な考え方は取らない」といいますし、「それはアングロサクソン的な市場経済の考え方だ」といえば、何でも規制緩和し、自由化して金融中心に経済を動かそうと考えることへの批判、あるいはM&A（企業の合併・買収）や株主重視の経営思想の議論を指します。その意味ではアングロサクソンというよりも、アングロアメリカニズム、あるいはアングロアメリカンのほうがいいかもしれません。

もっともアメリカのアングロサクソン系の人は、自分のそういう人種的背景にプライドを持っていますので、あまり気にする人はいません。念のために申しますが、私がいおうとしているのは人種的な話ではなく、考え方や価値観の次元です。

「パクス・アメリカーナ」への違和感

とくに二十世紀の終わりまで「パクス・アメリカーナ」と呼ばれた現象が明確にあり、これをある程度前提に、大半の国際社会のシステムが出来上がっていることは確かです。そして戦後日本のリーダーの多くは「パクス・アメリカーナが続くことがよいことである」、あるいは「秩序の安定につながる」、または「パクス・アメリカーナが果たしてきた役割は一定程度、評価せざるを得ない。そのうえで今後の世界を論じるべきである」など、アングロサクソン的な価値観と分かちがたく結びついた秩序を一種の理想と考えてきたところがある。そこから国際関係でも、個人主義で民主主義、市場主義のアメリカ的な価値観こそが、世界の平和と安定をもたらすと考えるのです。

たしかにこれは、冷戦構造の時代にはわかりやすかったといえます。完全に異質なものが東側にあったからです。しかし冷戦が終わると、皆が同じような価値観一色に染まるようになった。「市場主義」と「民主主義」というアングロサクソン的な価値観が世界の潮流となり、あるいはそこまで意識しなくとも、アングロサクソン的な考え方が一つの有力な枠組みだと感じるようになった。

少なくともこの二十年間、日本人の多くは「市場経済」や「民主主義」というと、無条件に「よいこと」と考える。その中身を問わないまま、あまりにも市場主義と民主主義を単純に受け止めてしまった。とくに冷戦後のこの二十年が極端でした。

「見た目より知性」が最大の魅力

ところが不思議なことに、フランス、ラテンアメリカ、イタリア、スペインといったラテン系の国々、あるいはスラブ系の国々では、等しくヨーロッパ文明に属しながら、アングロサクソン的な傾向の強い国際政治学や国際関係論という学問は全然盛んではありません。フランスの大学へ行って「国際関係論を学ぶ」というと、「外交官にでもなるの？」「国連は給料が安いよ」「文化的な人間が取り組む学問じゃないね。単位を取りやすいから選んだの？」などと、フランス人らしくからかわれたりします。

フランス人は、クリアでシャープな頭を持ち、論理的で理路整然と議論できるというのが彼らの自慢であり、社会的にも評価されます。見た目が「美人である」「ハンサムである」ということをフランスの学生はほとんど評価しません。そんなことで騒ぐのは無知識階級の人間で、知識階級は男女とも知性が最大の魅力となります。

われわれ日本人はどちらかというと没知性で、知性をあまり高く評価しません。ですから私たちも安月給に甘んじ、勲章ももらえないということになりますが

（笑）、フランスへ行くと大学の先生で良書を書いた人は、すぐに勲章がもらえ、田舎に別荘を持つほどに遇《ぐう》されます。

日本の大学教授が立派な勲章をもらおうと思えば、普通は政府の審議会の委員などにしてもらわなければいけません。しかもフランスでは勲章がもらえると年金がアップしますが、日本ではただの〝ブリキのおもちゃ〟です。

イギリスは「知性尽きる島」？

そんなフランス人から見て、アングロサクソン由来の国際関係論や国際政治学は、あまり知的な学問ではないのです。世界中の雑多な出来事、マスコミが垂れ流すような海外ニュースを集めて、そこに機能主義的に意味づけをする学問にすぎない、といった扱いです。

フランスは哲学の国ですから、功利的・機能的な考え方や経験主義的な思考は「海峡の向こう側にいる、頭の悪い島国の発想」と考えます。つまりイギリス人は頭が悪いから、機能的発想しかできない。経験主義といっているけれど、要は知的に二級の人間のすることで、そんなことをやると知性が一段下がる。だから彼らは昔から「ショップキーパー」、つまり小さな商人にしかなれないと軽蔑しているのです。

芸術もないし、文化もない。食べ物といえば、鳥の餌のようなひどいものを食べている。天気が悪く、いつも霧が出ていて、人間は無愛想。社交というものを知らない。そんな国に何を倣《なら》うことがあるか。これがフランス人の意識で、英仏海峡の向こうは、もう「野蛮な世界」なのです。

イギリス人は自分の住んでいるところがあんなくだらない島だから、それに絶望して、船に乗って世界の海に出ていったのだ。おまけにあの退屈な国民性だから、誰も住んでいないのに「世界の海を支配する」などとバカなことをいって、人生を楽しむことを知らず、インドなどつまらない土地へ行き、野蛮人を相手に喜んでいる、人生の何たるかを知らない人だと。十八世紀頃のフランス人は、完全にそのようなイギリス観に凝り固まっていて、「知性尽きる島」というのが、デカルト以来のフランス人の見方です。

フランスの「世論調査民主主義」

しかしフランスにも一部、プロテスタントの人がいて、彼らはおおむね親イギリス的で「イギリスにも文化はある」と考えています。フランスの啓蒙思想家モンテスキューやヴォルテールは大のイギリス好き《アングロファイル》であったから、イギリスの議会政治についてはフランスも大いに学ぶ必要があるといっています。ブルボン王朝の絶対王政や弾圧政治、専制君主はよくないというわけで、啓蒙主義思想が出てくるとフランスの偉大な思想家の中にも、イギリスの政治を評価する人が出てきます。

しかし大半のフランス人は、イギリス型の議会政治などまったく無意味だと思ってきました。民主主義の核心は「国民全体の意思」ですから、議会で首相を選ぶという間接政治で代表者を選んで議論している暇があれば、年中、選挙をやればいい。これが民主主義の本流であると考えるのです。

実際その通りで、「世論調査民主主義」という言葉がいまでもあります。世論調査の結果どおりに政治を運営すれば、一番民主主義的であるというわけです。今日であれば各家庭に端末を置いて、国民に直接イエス・ノー、二つのキーのどちらかを押してもらえばいい。

たとえば「高齢者医療問題について、このような見直し案はどうですか」と問い、各家庭でインターネットなどを使ってイエスかノーか答える。これなら何千万人という人の世論調査が一瞬でできます。これほどの「民主主義」はありません。

「革命こそ最も正しい民主主義の手続きである」

逆にいまの議会制民主主義は、民主主義の本質から離れています。代表者を選び、その代表者が議論するのですから、要は人任せです。これなら昔の絶対君主に任せるのと、何が違うのか。一人に任せるのも、四〇〇人に任せるのも同じではないか。北朝鮮の指導者なら、そういうかもしれません。こういう思考が、フランス的な民主主義観です。

日本国憲法第一条にある文句「主権の存する国民の総意」、これをフランス語で volonté générale（ヴォロンテ・ジェネラール）といいます。日本語でいえば、「一般意思」あるいは「国民の全体意思、総意」です。これを知ることが民主主義の基本的な手続きで、いつも国民全体がどう考えているか調べればいい、となるのです。

そこから「革命こそ最も正しい民主主義の手続きである」という考えも生まれます。国民の意思が結集し、それが武力という形で表現される。市民が立ち上がり、国家を倒す。フランス人の考える理想の民主主義、直接民主主義の思想は必ず「革命の思想」が根っこにあり、権力と人民はつねに対立関係にあります。アメリカの民主主義も、半分この影響を受けている。

「反革命」のイギリス民主主義

フランスとは反対に、イギリスの議会制民主主義は「反革命」の思想です。「名誉革命」の一六八八年以来、イギリスは本当の革命を否定しています。実はこれより四十年前、一六四九年にピューリタン革命が起こりますが、このときイギリス人は王様の首を切ってしまいました。チャールズ一世という王様を捕まえて、当時はギロチンがなかったので、革命派が鉞《まさかり》で首を切ったのです。

このピューリタン革命によって、イギリスは凄惨な状況になります。クロムウェルによる独裁が行われ、まるでスターリンの独裁時代のような暗黒時代になりました。そこから「もう二度と革命はごめんだ」となった。しかし絶対君主による弾圧政治もいやだ。その中間はどこにあるのか模索したのが、その後の四十年（一六四九―一六八八年）です。

この間、ピューリタン革命が一六六〇年に終わります。この年になって「もういい加減にしてくれ」となり、革命政府が倒されるのです。そして王様を殺したことを反省し、亡命していた王様の弟をオランダから呼び戻し、イギリスは再び王政に戻ります。

これは「王政復古」The Restorationと呼ばれる、日本の明治維新と同じ表現で呼ばれる出来事です。これにより戻ってきた王様がチャールズ二世ですが、実は彼はとんでもない王様でした。その後を継いだジェームズ二世はもっとひどい王様で、腐敗と暴虐の限りを尽くし、「革命もダメだが、やはり絶対王政もダメだ」となります。

チェック・アンド・バランス

革命もダメ、絶対王政もダメ、その中間は何か、と模索した結果、「二つを混ぜ合わせて妥協するのが一番よい政治」となりました。妥協こそ政治の本質で、中間であり曖昧であり灰色をよしとする。これを「チェック・アンド・バランス」といい、曖昧でごちゃごちゃなら流血騒ぎもない。王侯貴族が庶民を一方的に抑圧することもなく、かといってみんなで選んだ人が結局、独裁者になり、ピューリタン革命のような過激な政治に陥る心配もないというわけです。

この政治形式を採用するにあたり、「主権は誰にあるか」という議論が徹底的に行われました。そこから出た答えが、「主権を半分ずつ分割する」というものです。これが名誉革命の思想です。主権は本来、分割できないから「主権」なのですが、それをイギリスらしく無原則にも「分割する」ことにしたのです。

フランス革命が起こって出てきた「国民主権」という考えはフランス人の思想ですが、これはとんでもない危険思想だとイギリス人は考えました。たぶん、いままで多くのイギリス人はそう考えているでしょう。そこでこのとき以来、イギリス人は議会には半分だけ主権を与え、残り半分は王様が持つ。これが一番いい、となったのです。まったく無原則で露骨な妥協です。矛盾するものを完全にミックスして、灰色にしてしまう。まさにイギリス的な発想です。

これを名誉革命というのは、彼らにとって「名誉ある解決」だったからです。名誉革命のことを英語では Glorious Revolution といいますが、Glorious とは「栄光の」という意味で、それは王様を讃《たた》える単語です。栄光ある王政、そして革命という意味で、もう無茶苦茶な概念ですね。

これは「反共産主義者」というのと同じような言い方で、すごく矛盾があり、自家撞着《どうちゃく》に陥っています。そもそも「名誉革命」という言葉自体、論理矛盾であり、形容矛盾なのです。Glorious は王様や貴族、あるいは神様を讃えるときの形容詞で、「革命」とは相容れません。全然違うものをくっつけて一つにする。これもまた、まったくイギリスらしい名付け方です。

しかしその後イギリスでは、いっさい革命は起こっておりません。内乱も起こらない。以後、なぜか武力をもって政治が行われることはなくなりました。一七四六年にスコットランドの貴族が反乱を起こしてロンドンめざして進軍し、あっという間に鎮圧された民族対立的な反乱は起こりましたが、これが最後で、それはいわば日本でいう西南戦争みたいなものです。

西南戦争は日本最後の「内戦」だった

日本の歴史も明治十年（一八七七年）の西南戦争以来、国内で権力をめぐる大規模な武力闘争は起こっていません。せいぜい二・二六事件ぐらいで、あるいは第二次世界大戦の最後の日、昭和二十年八月十四日の夜に近衛師団の兵士が宮中になだれ込み、天皇・皇太子を擁して徹底抗戦しようとした事件がありました。『日本のいちばん長い日』という映画にもなった有名な事件で、内戦になってもおかしくありませんでしたが、結局のところひと騒ぎで収まりました。西南戦争は、日本で最後の権力闘争を伴う「内戦」だったのです。

その西南戦争よりイギリスの歴史は、百数十年早い。それ以後は武力でなく、権力闘争はすべて議会で行われるようになります。ただし主権者は、王様と議会の二つに分かれる。

これを「キング・イン・パーラメント」といい、王様と議会の意思が一致したとき、初めてイギリスでは国家主権が成立するのです。

ですから議会が成立させた法律は、いまも国王の署名がなければ執行できません。国王がどこかへ行っている、あるいは女王様の場合、出産で病院に入ることもあります。そういうときは署名ができませんから、緊急を要する軍事関係の法案や勅命を出すことができず、イギリスの国政は停滞します。

そのため女王様が出産を控えた時期には、法案が議会で成立する前から、署名しておく。明らかに「憲法違反」でしたが、ヴィクトリア女王のときからそういう便法もあります。

日本国憲法第一条が抱える矛盾

もっともこれは日本の国の矛盾と比べれば、まだ生易しいでしょう。日本国憲法第一条に、天皇について「日本国の象徴」「国民統合の象徴」と記されています。この箇所はよいのですが、問題はその後です。「この地位は、主権の存する日本国民の総意に基く」とあり、前段と完全に矛盾しています。主権は国民にあるといいながら、世襲制の天皇がいるのですから。

この憲法第一条を見るかぎり、日本は王制の国ではなく、国民主権制の国です。ところが、世界の王室を持っている国の憲法を見ると、日本のように国民主権を明確に謳《うた》っている憲法はありません。当たり前の話で、世襲制の王制は本質的には反民主的ですから、国民主権とは共存しません。ところが日本は、完全に相容れない二つの原理を並立させている。

これは現在の日本統治のあり方が、マッカーサーたちの考えた暫定措置にすぎないからです。マッカーサーは占領上の都合から天皇制をなくせないから、とりあえずこのような措置を取ることにした。いずれ日本人が自分で何とかするだろうと思っていたのです。この点は史料（「マッカーサーノート」）ではっきり明かされています。

そもそも日本国憲法第一条の前段は、マッカーサー自らが創案したものです。当初の草案では、天皇は日本国の象徴であり、日本国民統合の象徴であるということしか書いていませんでした。

では、なぜ後段が入ったか。

後段は、ワシントンにある極東委員会がつくったものです。極東委員会は日本占領の最高権限を持った機関です。アメリカだけでなく、米ソ中英、カナダ、オーストラリアなど主要連合国が全部入った機関で、日本に置かれたGHQを指揮命令する権限を持っていました。

マッカーサーは自らの案について「これでよろしいですか」と極東委員会にお伺いを立てた。すると、モスクワのスターリンがこれに反対したのです。

ロシア民族の悲願だった天皇制の廃止

スターリンは当時まだ現役のソ連の最高指導者で、日本の天皇制を完全になくそうとしていました。天皇制をなくすことこそ、ロシア民族の長年の悲願であると考えていたのです。

ロシアは日露戦争以来、日本に何度も煮え湯を飲まされています。それが今回、戦勝を手にした。この機会に天皇制をなくし、日本に革命政府をつくろうとした。「世界革命」をめざしていたソ連としては、当然日本を共産主義国にしたかったわけです。それゆえ戦争中からいろいろな手段を使って天皇制廃止をアメリカ人に訴えていました。

しかし日本との戦争で、軍事的に最も重要な役割を果たしたのはアメリカです。だからアメリカが日本占領の権限の大半を持ちました。たとえばソ連が北海道を自国領にしたいと訴えたとき、アメリカはこれを一蹴しています。結局、戦後日本の国のかたちを決めたのは、米ソの軍事力の差が決定要因だったといってよいと思います。しかし一方で、天皇制については、残すかどうかをソ連、イギリス、オーストラリアなど、いろいろな国と協議しました。

このとき強硬に天皇制廃止を主張したのが、イギリスとオーストラリアです。イギリスは昔から、世界のどの国に行っても王制は必ず廃止します。これについては、こんな諺《ことわざ》もあります。「イギリス人は世界中に王様は二人しか認めない。一人はイギリス国王、もう一人はトランプのキング」。だからインドを植民地にしたら、インドの王室を潰しましたし、ビルマ（現・ミャンマー）の王様は一八八〇年代、イギリス軍に捕まえられたあと籠《かご》に入れられ、奴隷として売られました。

またオーストラリアにとって、戦前の日本は大変な脅威でした。天皇を戴《いただ》く軍事大国で、これがもう一度攻めてきたら怖い。そこで天皇の首を切れば強い軍隊はなくなると考え、天皇制廃止を強く主張したのです。

アメリカは残したかった

逆に天皇制を残したかったのがアメリカです。アメリカの考えは、サイパンの戦いから硫黄島の戦い、沖縄戦を経る中で完全に決まっていました。天皇制を残し、占領政策の道具として使おうというもので、ただし天皇制は民主的に改革する、と。

つまりアメリカとしては、オーストラリアやイギリスやソ連の廃止論には与《くみ》したくない。そこで、妥協点を探すことにしました。

アメリカの意向を知ったスターリンは「天皇制は、いますぐではないが将来的に廃止」という考えに修正しようとした。ただし、将来の廃止のための原則だけははっきりさせたかった。そこで、「国民主権」を謳っておけば、将来一世代、二世代を経て戦前の教育を受けた世代が退場したら、自然に天皇制はなくなると考えた。「天皇制は税金の無駄遣いだ」と考えるような戦後生まれの世代が政治家になれば、彼らが国民投票でも行って「国民の総意」で廃止すればよい、その道だけはつけておこう。そういう狙いから、ソ連は憲法第一条に「国民主権」をねじ込んだわけです。オーストラリアやイギリスも同様に考えて、天皇制の廃止はこの際、将来の課題にしようということで、アメリカの天皇制存続論との妥協を図ったのです。

将来、天皇制を廃止することを考えれば、「国民主権」をはっきり謳っておくことが重要になる。だから、天皇の地位について述べた日本国憲法第一条があれほど不自然な文章になったのです。このことを明示する歴史文書も出てきました。

「天皇を中国で監禁する」

中国も、右のやり取りにゴーサインを出したことがわかっています。

中国はもともと、戦争が終わったら天皇を中国に連行し、裁判にかけるつもりでした。蔣介石政権には孫文の息子の孫科《そんか》が入っていましたが、孫科は一九四四年に行った有名な演説の中で「日本が降伏すれば、天皇を捕らえられる。天皇を南京に連れてきて裁判にかける。あるいは中国で監禁する」ということを述べています。

一方、マッカーサーは「占領の協力者」としての天皇という存在を使いたかった。この考え方は、のちに日本の大使となるライシャワーの考え方とも合致していました。彼は一九六〇年代に大使として日本にやってきますが、戦前は東大に留学して日本のことを非常に深く研究した人物です。

ライシャワーは日本との戦争が始まったとき、アメリカのCIAの前身であるOSSという情報機関に入り、ここで天皇制問題をどうするかについて検討していた。アメリカは一九四二年のミッドウェー海戦の頃から、日本を占領したときのプロジェクト（『日本計画』）をつくりはじめ、ライシャワーはこの天皇制プロジェクトの一員になっていました。このとき彼は「天皇をどうすべきかについての答えは明らかで、答えは日本人自身がわれわれに教えてくれている」と語っています。これはシニカルな物言いになっていますが、秀才学者のレトリックなのでしょう。

つまり、日本は満洲に満洲国をつくり、占領した。このとき清朝から溥儀《ふぎ》という皇帝を連れてきて、満洲国皇帝にした。溥儀は日本の傀儡《かいらい》といわれました。同様に天皇制を残して天皇をアメリカの傀儡にし、占領政策をうまく実行するために利用すればよい。これがライシャワーたちの考えです。「天皇制を残す」という判断自体は、廃止を唱えるイギリスよりもマイルドといえるし、オーストラリアのような日本に対する恨みつらみや恐怖心もアメリカにはありません。

最後はアメリカの天皇制存続論が支配するのですが、いずれにせよこれが日本国憲法第一条が生まれたもともとの経緯です。天皇制を残す一方、ソ連やイギリスやオーストラリアの廃止論も考慮しなければならない。将来、廃止する可能性をどこかに残しておく。そのためには「国民主権」であると、第一条ではっきり謳っておく。この政治的妥協が一九四六年の極東委員会で受け入れられ、その結果成立したのが日本国憲法第一条なのです。

この第一条の文章がくどく感じられるのも、同様の事情です。国民主権については前文でも「日本国民は、正当に選挙された国会における代表者を通じて行動」「主権が国民に存することを宣言」「国政は、国民の厳粛な信託によるもの」「その権威は国民に由来」などと、あれこれ書いてあります。それなのに「第一章　天皇」というところで「象徴」だということを書いたその同じ条項の後半に、国民主権についてあえて述べる。法文としても非常に不自然な文章のつくりになっています。

日本は議会政治の国ではない

以上の歴史的経緯は、冷戦終焉後に公開された当時の連合国文書などを読むとわかります。アメリカの天皇制存続論をいったんは受け入れながら、いずれ国民の総意に基づき廃止という形を取らせる。国民が「もう廃止したほうがいい」と変われば、いつでも廃止できるようにしたのです。

明治憲法では、国民の意思で天皇制を廃止することはできませんでした。「大日本帝国ハ万世一系ノ天皇之ヲ統治ス」と書いてあり、これは憲法以前の国家原則で動かすべからざる条項です。しかし、いまの憲法はそうではありません。

これはイギリスの考え方からすると、日本は議会政治の国ではないということになります。国民主権ならば国民が主人公であり、直接アメリカのように最高指導者を選ぶ民主主義でなければおかしい。世論調査民主主義が一番ともなるわけで、なぜ直接民主主義をやらないのかとなる。たんに議会を設けているのは、直接民主主義ではあまりに多くの人口がいるから集計が困難なので、やむを得ず代理人を選んでいるだけ、という手続き論にすぎないことになります。

イギリスは違います。本質的な点ではイギリスの国民は、主権など持っていません。いまでもイギリスでは国民のことを正式には「臣民」と呼びます。イギリスで主権を持っているのは国会議員と王様だけです。国会議員に選ばれて初めて、国家主権にタッチできる。イギリス国民は、ただ選挙権を持っているだけです。

デンマークの王室も同じです。デンマークの王様は行政権の首長で、王様は議会に責任を負う政府とは無関係に「王室法案」と呼ばれる法律案を出します。王室が立法権も持っているのです。正確には立法提案権ですが、国会に法案を出すのは政府と王室の双方なのです。これはイギリスの王様よりも、さらに王様らしい、「専制君主」的とさえいえます。

さらに、タイの憲法は「タイは民主主義の国であり、国民が代表を選挙で選ぶ」とありますが、一方で「王様は国民を指導する権限がある」とも書いてあり、これで本当に民主主義といえるか、現代日本の考え方では疑問に感じざるを得ない。

要するに世界中の王制のある国で、日本ほど「国民主権」を正面から謳っている憲法はないのです。国民主権といえば世襲の君主制と本質的に反するからで、日本国憲法第一条というのは、九条とは比べものにならない、絶対に妥協の利かない矛盾を含んでいるのです。

皇室の将来

では、皇室の将来はどうなるでしょう。いまの大学生世代、さらに次の世代になってきたら、スターリンが予見したようなことになる可能性は十分あり得ます。「天皇制を維持すると、税金がかかる」。「心の病になり、公務を果たせない人も出てきた」。「お世継ぎがどんどん減っているではないか」。そうした中、いまの若い世代の風潮がこのまま進んでゆくと「もう、この辺でいいじゃないか」と考える人々が増える可能性はあります。やはりスターリンは、よく見ていたわけです。

日露戦争の敗戦を「歴史的屈辱」と受け止めていたスターリンにとって、日本の天皇制の打倒は、生涯の宿願でした。またソ連や中国は自国の革命を成就させたときから、日本の「天皇制の打倒」こそ「日本革命の道」と考えていました。

一九二七年にソ連が出した対日政策「27年テーゼ」、あるいは一九三二年に出した「32年テーゼ」も、一貫して日本人に対し天皇制廃止を訴えています。さもなくば「日本革命」は成就せず、ソ連邦や世界の労働者・農民の安全も確保できない、としていた。「日本軍国主義の危険な本質」を打倒するには、是が非でも天皇制を打破することが必須で、これが革命の第一歩であると謳っています。とくに「32年テーゼ」はそうです。

驚くのは、河上肇《はじめ》（京都帝国大学教授、マルクス経済学）をはじめ当時の日本のインテリ、たとえば京都大学や東京大学の学生や教授たちの中にも、「天皇制打倒」を謳うこのソ連の指令を受け入れた人がけっこういたということです。日本を代表する知的エリートたちが、「日本革命」はコミンテルンつまりソ連共産党の指導に従って行うべきで、それにはまず「天皇制打倒」だというスローガンに盲目的に従ってしまった、ということです。これ自体、驚くべきことです。それほど戦前の日本人は、「西欧近代思想」への盲目的な憧れから、どんどん共産主義化していったということです。

戦前の日本で議会政治が機能していた

ここまで述べてきた話は「民主主義とは何か」「君主制とは何か」を考えるうえでとても大事なことですが、アングロサクソンの思想という点でいうと、イギリスの考え方は、非常に特殊な立憲君主制の考え方だということです。明治憲法も、憲法を制定して政治を行うという点で、立憲君主制ですが、明治憲法は天皇が主権（統治権）の全部を持っていました。議会や枢密院は、ただの諮問《しもん》機関でした。

ただし、本当にその通りに動いたら、日本は近代立憲国家とはいえません。専制主義になってしまいます。そこから憲法の趣旨には沿わないけれども、政党政治を中心にして、天皇は議会で決まったことをほとんど承認する形にしました。これなら自動的に議会の意思を重んじることになります。これは伊藤博文あたりの思想で、戦前の日本では昭和十年代までは、慣行的にそういう政党政治が成立していました。この流れの中で、戦前には原敬《はらたかし》の政党内閣や大正デモクラシーといったものもありました。

ですから戦後の民主主義といっても、国会の運営法や選挙のやり方、国民の政治意識は戦前に直結しています。いまの永田町の政治は議事慣行などを始めとして、全体として、明治・大正の頃の議会政治と実は非常によく似ています。諸君たちの中には「戦前に民主主義があったのか」という人もいると思いますが、戦前の日本は民主主義国です。少なくとも一九三六年の二・二六事件頃までは、明らかに議会政治が機能していました。

明治憲法ができて帝国議会が発足するのは、一八九〇年です。そこから二・二六事件が起こって国会が占拠される、あるいは陸軍の要求を飲まないと内閣が成立しない時代になるまで、少なくとも半世紀近くは、かなりきちんとした議会制民主主義が成立していたのです。

軍部の言いなりにならない内閣

皆さんが高校で習った日本史の授業では、こうしたことは教えないかもしれません。しかし多くの政治学者、あるいは歴史学者によれば、やはり当時は議会制民主主義が機能していた、となります。

戦前は言葉にうるさかったので、「民主」つまり「国民が主」では天皇をないがしろにしているから困るとして、吉野作造のように「民本主義」と呼んだ人もいますが、しかしともかく政党内閣が長期にわたって続き、議会の賛成が得られなければ、予算は成立しなかった。天皇は議会で成立した法案のほとんどすべてを認可した。これは、ある種の議会制民主主義が機能していた証拠です。

軍部の言いなりにならない内閣が何十年も続いたのですから、軍部の支配ともいえません。ここを重視しないと、日本の近代史はわかりません。

日本がおかしくなったのは、敗戦に至る十年ぐらいのあいだだけです。陸軍の軍人が議会にやってきて、「この法案を通さないとお前たちは非国民だ」などと怒鳴る。あるいは「問答無用だ。通せ」とごり押しする。これはもう民主主義とはいえません。そこから日中戦争のドロ沼に入り、「国家総動員法」が制定されたりするのです。

ただ、それでも選挙はやっていました。東条内閣のもとでも総選挙は行われており、与党は実質的に負けています。つまり大政翼賛会に入り、政府への支持を誓った議員は公認をもらいましたが、国民は必ずしもそのような議員を支持しなかった。政府への支持を誓わなかったのです。そして、反翼賛会つまり反政府を掲げている国会議員が、あちこちで当選した。一九四二年の選挙でもそうです。

だから、けっしてナチスドイツやスターリンのソ連、いまの中国とは違います。そういう完全な独裁体制とは似ても似つかない、一定の民主主義の許容範囲が残っている政治体制でした。とはいえ普通の意味での議会制民主主義ではないので、この十年が、やはりおかしかったことは確かでしょう。

日本こそ世界最高の民主主義国である

日本の民主主義の特徴として、天皇がその成立に貢献していることがあります。明治憲法（一八八九年）は、明らかに民主主義の憲法といえます。なぜなら、民選の議会が予算決定権まで与えられており、当時、英米と一部の北欧諸国を除いて、そんな憲法を持った国はほかにありませんでした。

しかもその成立が、きわめて平和裡に達成されたことも特筆すべきでしょう。イギリスの王様みたいにピューリタン革命で首を切られたり、さらには強制されていやいやながら議会に権限を半分渡した名誉革命とは違う。日本は「天皇が与えた民主主義」なのです。戦後は、天皇＋マッカーサーが与えた民主主義ということになるかもしれませんが。

外国の占領が関わっていたこと、それがいいか悪いかはともかく、安定した民主主義が戦後は六十年ぐらい続いていることは確かです。これは大変なことで、そもそも初めから流血の経験もあまりなく、ギリシャ・アテネの伝統といった西欧文化とは違う独自の文明に属しながら、近代に入り、このような実験的民主主義をいちおう一世紀以上にわたってこなしてきた。そして戦後は六十年間、一貫して民主主義を立派に運営している。これはもう世界の奇跡のような現象です。

ですから日本人は大いに「日本こそ世界最高の民主主義国である」と自慢していいと思います。イギリスのような流血の末の民主主義、あるいはアメリカのようなフランス型の流血革命礼賛の民主主義ではありません。ところが、ここからが大事なところですが、戦後日本の民主主義思想、発想はアングロサクソン性というより、どちらかというとフランス的なラテン性に近いところがあるのです。天皇制を残しているのに、イギリス的な立憲君主制ではなく、フランスやアメリカ的な革命型民主主義、少なくいって「人民主権」の民主思想が日本国憲法をはじめ戦後民主主義の中核思想となっているのです。この「木に竹をついだ」ような、日本の政治体制の問題と矛盾は潜在的にはずいぶん深刻な話なのです。

そもそもラテン文化というのは、論理が一貫しているということです。ラテン文化はギリシャ文明に直結していて、論理の一貫性を重んじます。イデア、アイデア、思想、観念など、人間の頭の中で考える世界が本当の「リアルな世界」で、目の前にある事象、具体的存在というのは何の価値も持ちません。思想、観念こそが重要で、これはプラトンがそうです。プラトニック（プラトン的の意）とは、精神の世界だけを重んじる志向のことです。つまり精神の優位を徹底させるのが、ギリシャ思想です。

ヨーロッパ文明の中心国はどこか

ヨーロッパ文明の主流は、明らかにラテン系です。ギリシャからローマ、さらにはフランスへと続く。ですからフランスこそがヨーロッパ文明の主流で、現在もその継承者です。フランス人が胸を張るのは当然で、「ヨーロッパの中心国はどこか」と聞かれたら、フランスでなくても多くのヨーロッパ人は「フランス」と答えるでしょう。

イタリアはローマ帝国の末裔ですが、中世の一千年近くのあいだ、南半分はアラブ人やイスラム教徒の支配を受けました。たとえば、二十世紀初頭のフランスではまだ人種差別が残っていましたから、「イタリア人は半分汚い血が入っている」と公言する、クレマンソーのような政治家もいました。

「汚い血」とは「ヨーロッパ人ではない血」のことで、それはアラブのことです。あるいはイタリアの南半分は地中海の南です。文化的にも北アフリカに近く、肌の色も黒っぽい。スペインはまさにそうです。やはり一千年近く、イスラム教徒の支配も受けました。

こういう歴史の過去を持ち出して「フランス人こそ純粋なヨーロッパ民族で、ローマ帝国の栄光を受け継ぎ、ギリシャの文化・思想に直結している民族だ」というのです。これは、差別意識とないまぜになった自国中心主義でもありますが、いまでも広く抱かれている本音といえましょう。

ところが十九世紀になって、それまで野蛮国、未開国と蔑《さげす》まれてきたドイツ人が、そんなフランス人の態度に「待った」をかけます。自分たちだけが純粋なヨーロッパ民族であるというフランス人に「Nein（ノー）」といった。

ドイツ人はアーリア民族こそギリシャの直系民族であると考え、最後は「ヨーロッパ民族以外は淘汰する」といった極端な人種主義にまで発展します。

しかし、このナチスの人種主義と、十九世紀まであったフランス人の濃厚な人種主義は、けっして無縁ではありません。ヨーロッパには昔から、どの国にもユダヤ人を徹底的に憎悪する、あるいは蔑む強烈な人種主義がありました。

ただし自分たちこそローマにつながり、あるいはギリシャ人につながるという話は、実はまったく非科学的です。古代ギリシャをつくった民族は、すべてもう滅びています。中世以降のギリシャは、ほとんどスラブ民族に飲み込まれました。ローマをつくった「ラテン民族」も、いまのラテン系の国の人々とは何の関係もありません。

反アングロサクソン精神がEUをつくった

古代ローマ人はもうおらず、人種的には何の意味もないフランス人が人種をいうのは、カトリック教会に対抗するためです。カトリックはヘブライ、ユダヤ、初期キリスト教につながる系譜で、フランス人がその継承者というだけであればいいのですが、カトリック教会は自分たちを「ローマ帝国の継承者でもある」と言い張りました。

キリスト教は、古代ローマの末期に国教になります。その後ローマ帝国は滅びてゲルマン人という野蛮人がヨーロッパを席巻しますが、「その間、文明を守ったのは、わがカトリック教会である」といいたいのです。

さらにはもっと遡って、コンスタンチヌス皇帝、カエサル、つまりローマ皇帝につながる宗教的権威であるといいたい。ローマ教皇がそう言い張ったから、フランス人はたしかに宗教はカトリック教会だけれど、その他の現世、人間の世界に関わる文明は、われわれフランスこそが古代ローマの継承者としてのヨーロッパの主人公なのだ、といいたいわけです。

いまでもフランス人の中には、そういう思想はどこかに残っています。ですから第二次世界大戦後、フランス第五共和制の初代大統領になったド・ゴールは「アングロサクソンにヨーロッパを牛耳られてはダメだ」と、反米主義を打ち出します。

これを「ゴーリズム」ともいいますが、この「ゴール」はド・ゴール（Gaulle）の名をとっていますが、他方でフランスを現わすGauleでもあり、ラテン語の「ガリア（Gallia）」のことです。

つまり「フランスこそヨーロッパの主人公で、アングロサクソン的なものは大したものではない」という思想です。アングロサクソンつまりイギリスの文化は、たとえばノルウェー、フィンランドなどの北欧、あるいはハンガリー、バルカン諸国、ポルトガルなど、ヨーロッパ周辺にある個別の没個性的な田舎文化の一つにすぎない。そういう元来、フランス人は英国観、アングロサクソン観を持っているのです。

ですから日本へ来て、日本人の現状を見て嘆くフランス人は多いのです。「戦後の日本人は、なぜ黄色いアメリカ人みたいになったのか。あなた方は栄光ある日本文明の継承者ではないのか」というわけです。アメリカの真似だけは、死んでもしたくない。アメリカ化する国は、一番値打ちのない国である。そのように考えるのがゴーリズムで、要はフランス中心主義です。

このような確固たるものが、ヨーロッパにはある。EUが発展してきたのは、この精神が生きているからです。アメリカのいうことなど聞いていたら、自分自身を失ってしまう。「あれは醜悪な、ただの物質文化である」。そんな非常に強い自負心と同時に、アメリカニズムに対する危機感があるから、EUは何十年もかけてアメリカからの自立を果たしたのです。

そのため、ついにイギリスもEUに入らざるを得なくなりました。もっとも、そこはイギリスですから、いまでも国策の軸を半分はアメリカ、半分はEUという両《りょう》股《また》をかけ、いかにも曖昧なイギリスらしさをここでも発揮しています。

以上のことを抜きにして「アングロサクソン的」の意味はわかりません。今日の講義はヨーロッパの文明論になりましたが、よく覚えておいてください。「アングロサクソン的な考え方」とは、かなり非難の意味を帯びているのです。

英米人はけっして自分たちのことを「アングロサクソン的」とはいいません。冒頭で述べたように、自分たちのアングロサクソン性には誇りを持っているけれど、そのような言葉では表現しない。この言葉が自分たちを批判する、自分たちを半ば敵視している表現だとわかっているからです。この言葉の意味、あるいは文明的な背景を踏まえてこの点をよく知っておいてください。

第五講——「一超多強」の世界

「列強」という言葉は不正確

前々回、前回と、国際政治学、国際関係論という学問がアングロサクソン的な性質を強く持っているという話をしました。そこから「国際政治」といわれる現象とは、どのようなものかを考えようとしているわけです。少なくともここ二百年ぐらいの近代世界は、アングロサクソンの支配する世界だったことは間違いありません。十九世紀初めから「パクス・ブリタニカ」の時代が長く続きましたし、第一次世界大戦後は「パクス・アメリカーナ」、すなわちアメリカの覇権による世界秩序の時代が百年ぐらい続いています。

つまり「近代とは何か」というとき、私にいわせれば「米英覇権の時代」ということです。アングロサクソンのスタンダードが世界的なスタンダードとなり、価値観となる。政治、軍事のみならず、文明や秩序、生産経済の基本システム、金融・貿易による世界支配、知識、学問、ほとんどすべてにわたり、彼らが物質的および精神的リーダーシップを取りつづけてきました。

ですから近代を考えるときは、アメリカ、イギリスという二つの覇権大国の歴史をしっかり踏まえたうえで、フランス、ドイツ、ロシア、日本、中国、アジア、中東などについて勉強していかなければなりません。

アメリカやイギリスを「ワン・オブ・ゼム」つまり、他国と横並びの個別国家とだけ考えてはいけない。彼らがそれぞれ覇権国であった時代は、けっしてワン・オブ・ゼムではなかった。そこを間違えたのが、戦前の日本です。

「列強」という言葉があります。「諸々の強国」「いろいろな大国」という意味ですが、じつはおかしな表現で、いくつもの大国が一列に横並びした状態は近代ではほとんどありません。

秩序というのは、必ずどこかに力の焦点が必要です。世界が一定の安定を維持するためには、必ずしも一つに限るわけではありませんが、「覇権国」あるいは「大国」という世界秩序の本質的支柱が必要なのであり、またそれゆえにこそ覇権大国というものがなくなることはあり得ません。したがって「世界の平和」と「大国による世界管理」というのは、二律背反する言葉ではないのです。

地球温暖化がどんどん進んで、もう地球には住めなくなり、宇宙のどこかへ旅立たなければならない、そうなっては困りますから、最低限の平和を守るための極めて初歩的な秩序は必要です。さもなくば人類は絶滅するでしょう。

ただし「よりよい平和」となると、少し違います。この「よりよい平和」が何を指すかについては、いつも慎重かつ謙虚でなければなりません。

日本人が「平和」と聞いてイメージする状態を求めるなら、「大国による秩序」には少し問題があります。これは大国だけが専横的に世界秩序を管理する状態ですから、そこに否定的な感情が生まれます。

しかし物事が安定する、秩序が維持されるには、どこかに力の中心が必要であるのは自然科学的な原理です。より科学的にいえば、分子運動の結束点が必要なのです。

その意味で一つまたは複数の、世界を仕切る大国は、なくてはならない存在です。そして望む望まないにかかわらず見通しうる将来も、「大国による秩序」は、人類が秩序を求めるかぎり不可欠なものでしょう。

そう考えたとき、「列強」という言葉は不正確で、むしろ現在の中国の国際政治学者がよく使う「一超多強」が正しいでしょう。一つの超大国と、たくさんの強国あるいは大国から成っている世界秩序です。そしてこれら以外のその他の国は、はるかに小さな影響力しか持たない、いわば「国際政治の客体」といえる国が大半ということになります。冷戦後の世界では「一超」というのは当然アメリカですが、

「多強」とはふつう中国、ロシア、欧州（英仏）、インドなどで、経済が関わったら、これにブラジルや日本も入るかもしれませんが。

そしてこの「一超多強」という言葉は、近代というものの本質を捉えていると思います。

列強がすべて横並びで、ほぼ等しい力でせめぎ合っているときは、長く秩序を保てず、必ず大崩落が起こります。それは第一次世界大戦が、如実に示しました。

第一次世界大戦は、まさにイギリスの覇権、つまりパクス・ブリタニカが終わりはじめ、一方でパクス・アメリカーナは登場していない。その端境《はざかい》期に起きたものです。それまではイギリスが一つの超大国として世界に君臨し、たくさんの強国を管理してきた。それができなくなり、その結果起こったのが第一次世界大戦だった。きわめて大雑把にいえば、歴史解釈としては基本的にこれが一番真実に近いと思います。

ですから「一超多強」の構造を保つことが、近代世界では大変重要になります。それは政治、軍事、経済、価値観といったものが全部一体になって、「超大国による覇権」というものが世界システム化するからです。どこか一つのそびえ立つ存在があり、それ以外の国がひしめいて、その超大国を追い上げようとする。

マラソンでいえばトップランナーがいて、さらに差が開きながらも追い上げようとする第二グループがあり、これらが互いに競い合いつつトップランナーを追い上げようとする構造です。一つの超大国が隔絶した存在で、他はすべてひとしなみに問題にならない小国ばかり、ということは国際秩序の根本原理からいってあり得ない。なぜなら、その場合はすべての国が一つの世界帝国に統治され古代ローマのような「世界政府」が出現し、国際社会そのものが存在しなくなるからです。

他方、マラソンの第三グループともいえるその他の国々とは、もはや先頭争いとは無縁の隔絶した存在になっている。第三グループの国々は、まず絶対に第二グループに届かない。こういう三層構造があるとき、世界は一番安定します。

たとえばフランス革命が挫折してナポレオンが退場したあと、ウィーン会議（一八一五年）により、ヨーロッパはフランス革命前の状態に戻ることが決まります。その後「パクス・ブリタニカ」が全世界的に成立し、産業革命が世界に波及していくのですが、この流れの中、ほぼ百年間、世界は非常に安定します。

この環境の中で、日本は明治維新に成功し、近代化、文明開化、富国強兵といったサクセスストーリーを築いていきます。これも覇権国であるイギリスが大きなリードを保っていたからです。

そして、超大国と第二グループの差が十分に大きいとき、世界秩序は安定する。ところが、超大国の国力や魅力が減退しはじめると、第二グループの中から最も勢いのある国が衰えはじめた超大国を射程にとらえ一気に差をつめようとして、国力の増強と世界への進出を加速させるわけです。この差がさらに縮まってくると、一転して世界は不安定になる。

このように、超大国と第二グループとのあいだの力の格差が縮まることを「（超大国が持っていた）パワー・サープラスの減少」が不可逆的に始まった、といい、そうなるとかつては「大戦争の時代」が近づいてきた、ということになるのです。第一次世界大戦へと至る時期の英独関係がそうだったといわれます。現在でも、今後の米中関係がはたしてそうなってゆくのか、二十一世紀の諸条件の下で考えてゆくことがいま、求められているのです。

「パクス・ブリタニカの平和」を崩した露仏同盟

ヨーロッパ国際政治の歴史を繙《ひもと》くと、第一次世界大戦に至る最後の二十年間、パクス・ブリタニカは急速に揺らぎはじめ、非常に不安定な時代へと一転しました。

これはイギリスが、統一ドイツによってどんどん追い上げられる形になっていたからです。十九世紀の終わり、一八九四年ぐらいから一九一四年ぐらいまでが、イギリスの力が落ちて急速に不安定さが増していった時期です。

では一八九四年に何が起きたか。アジアでは日清戦争が起こりますが、これは世界の隅っこでの出来事ですから何の波及ももたらしません。それよりも大きいのは、露仏同盟の成立です。

ロシアとフランスが軍事同盟を結んだ。これは決定的に大きなパワーシフトでした。それまで、専制のロシアと列強でただ一国、共和制を取っていたフランスは、いわば水と油の関係だったのですが、世界があっと驚く中、両者が同盟を結んだのは、植民地戦争を有利に運ぶべくパクス・ブリタニカに挑戦しようとしたためです。しかしもっと決定的な直接動機は、ロシアとフランスのあいだにあるドイツのめざましい興隆です。

いわゆるビスマルクのドイツで、さらにビスマルクが退いた後はドイツ皇帝ヴィルヘルム二世が「世界に覇権を唱える」「軍艦を造ってイギリス海軍に対抗する」などといいだし、実際そのように動きだします。

ドイツ人はこれを「ヴェルト・ポリティーク」、つまり「世界政策」といいましたが、二十世紀の「ドイツの悲劇」はここから始まります。これが第二次世界大戦まで続くドイツの五十年戦争で、このときからドイツは露仏同盟に包囲されるのです。

ロシアは世界一の陸軍国です。フランスは世界有数の海軍国であり、また陸軍国であり、余ったマネーを海外に投資できる金融大国です。さらには二十年前、ビスマルク時代の普仏戦争でドイツに敗北しており、その恨みを忘れていない。「対ドイツ復讐」を国策にしていたほどです。こうなると、この露仏同盟の二国に対抗すべく、ドイツはどんどん軍備を拡張せざるを得なくなるのです。

もう一つ露仏同盟の背景として、ロシアにとってはユーラシア大陸の覇権がありました。バルカン半島やコーカサス、そして中東を通ってペルシャ湾に南下する一方、中央アジアからパミール高原を越えてインドに打って出る。そして東アジアではシベリアから満洲、朝鮮半島を通って太平洋へ抜ける。一八九二年にシベリア鉄道の起工式に臨んで、当時皇太子だったのちのツァー・ニコライ二世は、このような南下政策をロシア帝国の国策として掲げました。

それまでロシアは、この三カ所それぞれでイギリスによって南下を阻まれていました。バルカン半島や中東ではイギリスはフランスと手を結んでロシアの進出を跳ね返し、アフガニスタンからインドにかけては、もちろん手放すつもりはいっさいない。こうしてユーラシアの各地で、英露の両国は百年間、対峙を続けていました。早くからイギリスは東アジアにもアジア艦隊を繰り出し、幕末以前から日本をめぐって英露は対立していました。こういう構図が十九世紀を通じてずっとあり、これをユーラシア大陸における英露の「ザ・グレート・ゲーム」といいます。

この構図を打ち破るには、ロシアとしてはフランスと手を組み、ヨーロッパでイギリスを脅かすしかない。そしてヨーロッパで事を起こし、ヨーロッパの秩序をひっくり返す。そうすればイギリスは、ヨーロッパ外の世界に力を割く余裕はなくなる。ロシアの南下政策を進めるにあたって、これが一番いい戦略というわけです。これは昔の古典外交的発想ですが、このことが十九世紀末になってもロシアの動きに決定的な意味を持っていました。

にもかかわらず、露仏両国は結局、衰退しはじめたイギリスではなく、急速に力を膨張させていたドイツを主要な敵として選び、むしろイギリスを合わせ三国が一緒になってドイツ包囲網をつくることを選びました（三国協商）。具体的な細かい国益の対立よりも、結局、国際政治では急速に力をつける国への恐怖心が、根本的な要因となるのです。

いずれにせよ、世界近代史をダイナミックに把握するうえで、露仏同盟の位置づけはすごく大事です。日本ではあまりそういう近代史は書かれませんが、露仏同盟がなければ第一次世界大戦は起こっていません。この同盟は、それほど重大で決定的だったと思います。

二つの大国が組めば「パクス・アメリカーナ」を弱めることも可能

そして、これは第二グループの列強二国がしっかり手を組んで動きだしたら、超大国の座は容易に揺らぐという話でもあります。今日でいえば超大国はアメリカで、ほかにたくさんの大国がひしめいている。ロシア、中国、ヨーロッパなどで、インドも間もなくその地位に就くといわれています。中東の一角にも、イランのように世界的な強国になるという野望を露《あら》わにしている国があります。すべて核兵器の保有国か開発国ですね。核兵器を持つということは、どんなことがあっても最終的な運命は自分の手で決める、超大国によって運命を決められるような地位には陥らないという決意を表しています。

いまイランや北朝鮮が一所懸命に核開発をしているのは、明らかにそれがあります。たしかに北朝鮮の核兵器は「独裁者のおもちゃ」かもしれませんが、イランは違います。イスラムを代表する大国としての矜持です。

パキスタン、イラン、エジプトという東西につながるイスラム圏は、もしかすると、EUのように一つに統合された世界の一極になるかもしれません。ただし、それまでにずいぶん時間がかかる。二〇五〇年、二〇六〇年ぐらいで、いま見ているとそれぐらいのタームでしか考えられません。

いずれにせよ中国をはじめとしてヨーロッパ、ロシア、インド、ブラジル、あるいはその他の第二グループに入ろうとする国が、いま現在どんどんアメリカとの差を詰めています。ただし十九世紀末にヨーロッパで起こったような構造変化はまだ起きていません。

ここで、たとえばロシアと中国ががっちりと軍事同盟を結んだらどうなるか。「パクス・アメリカーナ」をひっくり返し、アジアからアメリカを追い出せるかもしれません。あるいはいまのところ少し考えにくいかもしれませんが、ロシアとヨーロッパが手を組んで、アメリカの勢力を大西洋の向こうに追い返す。もし、このような同盟が結ばれたら、今日の世界で、少なく見ても地政学的な秩序の大変動が起こるでしょう。

ユーラシア大陸の外からユーラシア大陸を管理しようとしているアメリカという勢力があり、これがユーラシア大陸勢力とせめぎ合っている。この対立構造が、二十世紀から続く現代世界の構造です。

アメリカは偉大な島国です。文明の中心からはるか遠くにあり、現実世界と関係ない「新世界」です。あれを別の惑星と考え、追い返し、ユーラシア大陸に関与できないようにする、そういう同盟がもし結ばれれば、おそらく露仏同盟に近い世界秩序の大変革を引き起こします。

このような議論について、誤った議論をする人がいます。「アメリカの力はたしかに陰《かげ》ってきたけれど、アメリカに取って代わる国はほかにない」ということを過度に強調するものです。もちろんいまのところ中国一国がアメリカに取って代わるのは無理で、ロシアもとてもできるとは思えない。ヨーロッパは本質的にバラバラな国の集まりで、一つの勢力といえるかどうかもわからない。インドはまだまだといった具合に、それぞれがいろいろな問題を抱えている。おのおの一つの大国と比べると、たしかに圧倒的にアメリカは、超大国としてまだまだ大きな支配力を持っていることはたしかでしょう。

まずアメリカは連邦国家としてがっちり一つの国になっているから、ＥＵのようにバラバラになる恐れはありません。各国での国民投票のたびにＥＵの憲法草案がひっくり返るといったような混乱は起こらない。中国に比べればはるかに科学技術が進んでいるし、軍事力も上です。世界経済への影響力も、世界の国々からの信用度もまるで違います。

その意味でアメリカは、たしかに他の一つひとつの国とは圧倒的な力の差を持っています。しかし第二グループの国々が横につながれば、どうでしょう。これを「ギャングアップ構造」といいますが、この「ギャングアップ」が他の大国のあいだで起これば、アメリカの覇権は一瞬にして際どいものになります。つまり現在の世界秩序をめぐる最も核心的な問題は、こうしたギャングアップ構造が起こるか起こらないかなのです。

そこを無視して一つひとつの国とアメリカを比べて「どの国もアメリカにはまだまだはるかに及ばない。ゆえにアメリカ一国によるパクス・アメリカーナは続く」というのは、これはもう政治的な議論です。アメリカの覇権が盤石であることを日本人に信じさせて、日米関係をうまく運営させようという政策利権で動く一種のプロパガンダと思っていい。

一つひとつの国がアメリカと対抗する構造など、現実の国際政治ではあり得ません。世界政治を一国単位でしか見ず、もっとダイナミックな国際関係が果たす役割を見ていない。歴史的にものを見ようとしないからです。もし百十数年前、露仏同盟ができなければ、パクス・ブリタニカの時代はもっと長く続いたでしょう。そして明らかに、第一次世界大戦は起こらなかったでしょう。

それほど同盟は重大な力を持ちます。確固たる軍事同盟が結ばれると、軍事力だけでなく、あらゆる力が一瞬にして二倍三倍になるからです。

この露仏同盟によって、おそらくヨーロッパ第一の強い勢力が誕生した。一見ドイツの脅威に対抗したように見えますが、そのじつ世界の安定の基盤であったパクス・ブリタニカを切り崩していく構造が生まれたのです。

露仏同盟は日本の近代史も大きく変えた

露仏同盟はアジアの秩序も変え、日本の近代史も大きくねじ曲げました。露仏同盟がなければ当然、三国干渉（一八九五年）もありません。

日清戦争で、日本は清国に勝利しました。その際の講和条約である下関条約で、清国は日本に遼東半島を割譲することになりました。遼東半島は、満洲の南に突き出たものすごく大きな領土です。それを丸ごと日本領土にすることを清国、つまり当時の中国政府は承認した。それなのにフランスとロシアが組んで、さらにドイツも割り込んできて日清間の合意に介入し、清国に返還させたのです。

この三国干渉がなければ、明治日本は別の国になっていたでしょう。軍隊の力が、あれほど大きな影響力を持つこともなかった。それぐらい三国干渉は日本人に劇的な精神的ショックを与え、それ以後の日本に「国家とは何をめざして生きるべきか」という軍事中心の国家観と国策観念をはっきり方向付けました。

当時、日本人は皆、列強の不当な干渉に憤激しました。人力車の車夫にまで、「ロシアと戦うべし」という燃えるような敵愾心《てきがいしん》を抱かせるようになったのです。

三国干渉以後は、日本が平和的な手段で国家を近代化するという選択は、二の次三の次になります。「国際社会は皆、日本の存立を脅かしている。これに対抗するには劇的に軍備を拡張し、世界に冠たる軍国日本をつくらなければ、日本の存続は危うい」。当時の日本人は、一瞬にしてここまで覚悟したのです。

それほどの危機感を持ったからこそ、日露戦争は国民が大きな犠牲もいとわず一致団結して戦う国民戦争になったのです。日本の歴史で、あれほど見事に国民の団結を示した戦争はありません。

その意味で一八九五年から一九〇五年までの日本は、本当に幸せでした。目的はただ一つ。国民は皆、何をすればいいかわかっていて、そのための方策もあった。司馬遼太郎のいう「坂の上の雲」は、まさにそうです。「坂の上に上がれば雲に手が届く」という猛烈な情熱が湧き上がっていたのです。

司馬遼太郎の小説『坂の上の雲』には正岡子規や夏目漱石など、いろいろな文化人も出てきますが、あれは近代日本の軍事的栄光を描いたドラマです。大国日本が日露戦争に勝利し、世界の一等国に駆け上がっていく十年。そのときの清々《すがすが》しさ、燃えるような未来への確信と自信、さらに峠《とうげ》をめざす大冒険への道に踏み出すという使命感、大きな試練だが絶対に勝ち抜くんだ、という決意で小学生まで一つになった稀有な一体感があったのです。

いまの学生世代は知らないでしょうが、似たような体験は、戦後の日本にも少しありました。一九六四年、東京オリンピックが開かれた頃の日本です。あるいは一九六〇年代高度成長期の真っ盛りの頃の日本、一九七〇年の大阪万博もそうかもしれません。日露戦争に至る十年とは軍事と経済という分野の違いはありますが、当時の戦後日本はやはり強烈な思いで「坂の上の雲」をめざしていたと思います。

みんなが豊かになれば、すべての問題が解決する。それには高度成長政策を推進すればいい。ほかのことは何も考える必要はない。外交や安全保障はみんなアメリカに任せておく。それが一番平和で、経済の発展にも役立つ。そういう戦後日本の「一途《いちず》な脳天気ぶり」がはっきり出てきて、そのツケがいま回ってきているわけです。

しかしいずれにしても、このときの日本は燃えていました。たった一つの目標に思い定めて突撃する。Single-mindedness です。こういうときの日本人の吹っ切れた、あるいは無邪気な未来への希望と燃えるような情熱は、凄まじいものがあります。

夜を日に継ぎ、徹夜徹夜の連続でも、精力剤を飲んで頑張る。そんな日本があったのです。皆さんは、いまとはまったく別の国のように思われるかもしれませんが、当時を知るわれわれ世代の人間にとっては、明治のあの十年も少しイメージできるのです。

いまの若い人たちも、ぜひ『坂の上の雲』を読んでください。電車の行き帰りなどでいいです。「国民文学」といわれるぐらいですから、誰でも簡単に読めます。たしかに多少バカバカしく感じるところもあるかもしれませんが、けっして飽きないと思います。

国民全員が高揚していた日露戦争時の日本

ただ、たった一つの目標に思い定めて突っ走る日本のあり方は、その後にものすごく大きな反動を生み出します。明治日本がもたらしたのは、大正の堕落、そして昭和の破滅でした。

そこからもう一度出発して高度成長の日本が生まれましたが、そのツケはいま平成日本にやってきています。やはり経済偏重による戦後日本の大いなる堕落と衰退の回路を迎え、いまやその先に一つの危機も見えはじめている。そこで跳ね上がって、昭和の日本のように頑張るしかない。そういう焦りも随所に見え、悲観論が広がり国民的に精神病のような状態になっています。

これは高度成長という〝麻薬の十年〟といったものを体験しているからでしょう。あれが忘れられないのです。日露戦争までの十年も〝麻薬〟だったと思います。もちろん日本人がものすごく頑張ったことは確かです。ロシア、フランス、ドイツという世界の三大国が、第二グループに上昇することをめざして頑張っていた日本に強圧を加えてきた。遼東半島を中国に返還しなければ、三国はただちに日本に宣戦布告すると、最後通牒を突きつけたのです。

当時、日本近海で合流した三国の海軍は、九州の日向灘や高知の土佐沖にまで出没して、濛々《もうもう》たる黒煙を吐きながら遊弋《ゆうよく》していました。同盟国を持たない日本は、たった一国でこれら三国と戦わなければなりませんでした。

当時のイギリスは日本とは同盟を結んでいませんから、素知らぬ顔です。したがって三国干渉は、日本人が国を失うかどうかの瀬戸際でした。当時の人たちは幕末のペリー来航や薩英戦争、下関戦争などを思い出した。しかし明治天皇以下、「この戦争は絶対にやってはいけない。やれば必ず負ける」ということで、日本は三国干渉に涙を呑《の》んで屈伏するのです。

その後苦節十年、当時は「臥薪嘗胆《がしんしょうたん》」という言葉がはやりました。明治天皇も洋服はたった一着しかつくらず、公務員の給料は高等官は二〇パーセントカットしました。大阪府の橋下知事どころではありません。国民もみんな大変な耐乏生活に甘んじ、重税に次ぐ重税も受け入れた。

それを全部、軍艦や大砲に費やし、ロシアとの戦争に備えた。明けても暮れても「ロシアと戦え」で、国内に反対論はほとんどありませんでした。

戦後の歴史教科書に、与謝野晶子の反戦歌が出てきますね。日露戦争のところで必ず紹介される「君死にたまふことなかれ」です。しかし本来あれは、反戦歌ではありません。与謝野晶子は、じつは大変な〝軍国主義者〟だったのです。第二次世界大戦のとき、自分の四男が海軍軍人として出征する際、その息子の武運を願う歌を詠んでいます。

「水軍の　大尉《だいい》となりて我が四郎　み軍《いくさ》に征《ゆ》く　猛《たけ》く戦へ」と。

「君死にたまふことなかれ」は反戦ではなく、「家」の問題を詠んだものです。「弟は長男だから、死ねば家が途絶えてしまう。だから戦争に行っても、死んではいけない」。そういう思いが主題です。

家への思いが先にあり、なぜ長男である弟を兵隊に取るという、バカなことをするのか。次男三男なら、いくら死んでもかまわない。むしろ口減らしになる、とまではいわないが、長男は大事な跡取り、というのは与謝野晶子に限らず、戦前までの日本の常識です。

戦前の日本では長子相続でしたから、次男以下は食いっぱぐれると、満洲へ行って馬賊と一緒に軍事紛争を起こしたり、職業軍人となり、なかにははね上がって二・二六事件を起こすような将校は、みんな次男三男です。食いっぱぐれるから兵隊になるしかない。少し頭がよければ、士官学校へ行って将校になる。

しかし財産はないから、定年になって退職したらもう食べていけない。あるいは結婚もできない。親の財産は全部長男が受け継ぐから、財産はないうえ、青年将校では給料が安すぎるからです。お金持ちの地主に生まれても、次男三男は、たった一人で生きていく人生設計をしなければならない。それが当時の長子相続制なのです。

何のために長男が全部取るのかというと、家を守るためです。先祖代々受け継いできた家系を守ろうという、いわゆる「家の観念」です。これがきわめて強かったので、いまでも結婚式場へ行くと「○○家結婚披露宴会場」と書いてありますね。「家」という制度はなくなりましたが、観念はいまも随所に残っています。

家系を継ぐ人間には結婚もままならず、一人娘と長男の結婚は認められていませんでした。結婚届を出しても受けつけてもらえないのです。一人娘が他家に嫁に行くわけにいかず、長男が養子に出るわけにもいかないからです。

すべて長男が家を継ぐためで、そこから心中や駆け落ちがものすごくポピュラーにありました。いまのような自由恋愛など考えられず、恋愛結婚は「社会の悪」でした。だからこそ戦前の文学では、〝恋愛〟というものがものすごい文学的情熱の対象となったのです。

われわれは恋愛など自然現象で、どこにでもあることと思っていますが、そうではない。場合によると、社会の秩序に真っ向から歯向かうもので、家の制度を壊しかねない。そんな意味合いを持つものだったのです。

だから恋愛に憧れる若い世代、反体制的な気分を持った文学者のテーマとして、それは一番具合がいいのです。文学というのは、「破壊の衝動」を刺激するのが目的です。社会と人間を破壊する。つまり人間の安定した気分を動揺させる。ここから文学的感動が生まれるのです。

逆にいえば、この時代の日本は本当に特殊な時代でした。与謝野晶子がいくら「君死にたまふことなかれ」といっても、圧倒的多数の国民は戦争を歓迎し「もっとやれ、もっとやれ」です。日露戦争ほど、国民の圧倒的支持を受けて行われた戦争は、世界の戦争の歴史でも類を見ないと思います。

最初から精神的に負けていた大東亜戦争

一方、大東亜戦争の場合、本当のところほとんどの日本人は反対でした。私の母親も日米の戦争が始まったとき「支那との戦争も終わってないのに、こんな戦争をして大丈夫か」「日本は負けるだろう」と思ったそうです。昭和十六年（一九四一年）十二月八日の朝、ご飯の支度をしているとラジオが鳴り、臨時ニュースが流れた。「帝国陸海軍は本八日未明、西太平洋においてアメリカ・イギリス軍と戦闘状態に入れり……」という、大本営報道部が発表した有名な放送です。

私の母親は高等教育を受けた女性ではありませんが、あれを聞いた瞬間、「日本は負ける」と思ったそうです。結婚して大阪にいましたから、「大阪の街は焼け野原になる」と直観したそうです。アメリカと日本は貧乏人と大金持ち、大人と子供で、それがケンカしたら、勝負はわかりきったこと、と思ったそうです。つまりそんなことは、当時の日本のごく市井《しせい》の庶民でもわかっていたのです。日露戦争のときのような国民の自発的支持など、ほとんどありませんでした。一方で強い愛国心とともに、他方で口に出して言うと叱られるから、仕方なく従っただけです。これが庶民のあの大戦への率直な本音だったと思います。

そもそも、その四年も前から日本は中国と目的のない、泥沼の戦争をやっています。何のために戦っているかわからないが、戦死した日本兵の遺骨が白木の箱に入って次々と中国から帰ってくる。こんな戦争は一日も早くやめてほしい。これが国民の偽らざる願望でした。にもかかわらず、さらにアメリカ、イギリスと戦争を始めた。国民がみんな危ぶむのは当然で、これでは勝てるわけがありません。最初から精神的に負けていたのです。

逆にアメリカは、「リメンバー・パールハーバー」です。それまでは戦争にいっさい関わらず、ヨーロッパの戦争やアジアの戦争でも中立を保っていた。だからアメリカ人としては、やりたくてやりたくて仕方ない。これが当時のアメリカです。そこで真珠湾のニュースを聞いて、全国民が立ち上がるのです。

戦前の日本は軍国主義でも何でもなく、あえていえば、むしろ昭和の日本は軍国主義が足らなかったといってもよい。アメリカ人やイギリス人は、本当に戦争が好きです。一般人でも、いつも戦争のことばかり考えており、男なら誰しもが英雄になりたいと心底から願っています。日本人は太古から、本性、平和的な民族性が主流です。そもそも、当時の日本人で誰もあんな大戦争を考えている人はいませんでした。国家財政が、大正時代にすでに破綻していた。各地で労働運動も起こり、いつ何どき、共産主義が社会を覆うとも知れない。そうなれば天皇制も危うい。自由に目覚めた若者が反抗しはじめ、家の観念もおかしくなってきた。あちこちで体制が綻《ほころ》び、「このままでは国がもたない」という構図が、昭和の初めには明らかでした。

当時の日本は敗戦を経験したことがなく、「体制崩壊」というと江戸幕府の崩壊しか知りません。国家には何十年かに一回、必ず忍び寄ってくる大きな危機がありま す。そうしたマクロの視点で、国の運命や進路を見通す力が当時の日本のリーダーには乏しかった。

そこから、すでに体制は衰えているのに気持ちばかり先走り、やれ「満洲事変だ」「支那事変だ」と乗り出していった。あれは「衰亡を予感した焦り」だったのです。そうして日本人は、『坂の上の雲』の時代とはまったく違う、ほとんどロマンのない昭和の歴史をつくってしまうのです。

サミットはもはや諸大国が話し合いをする場ではない

では戦後の高度成長期が、明治の『坂の上の雲』の時代にあたると考えたとき、高度成長から三十年経ったいま、日本はどうなっているか。

マクロに国の進路を考えると、いまの日本は下手をするとどん底へ向かう危機の途上にあるかもしれません。ここをどうやって抜け出すか、いまこそ必死になって考えなければなりません。ところが表面上は、そういう危機感がまったく見られない。

サミット一つ取ってもそうです。いわゆるG8サミットが日本で開かれるたびに、物々しい警備体制が敷かれますね。街中に警官があふれかえりますが、彼らの出動手当だけでも大変なものです。あれは完全に税金の無駄遣いです。

すでに諸大国が集まって、話し合いをする時代は終わっています。G8やG20といったサミットは各国がお互いに牽制しあい、主導権を取ろうとする場になっています。何の主導権かというと、アメリカに対して、もの申す主導権です。そうして自分たちがアメリカに抵抗していることを自国民にアピールしたいのです。

ところが日本だけが、いまだ国策の基本は「アメリカといかにうまくつきあうか」です。サミットでもうまく妥協して、アメリカを孤立させないようにすることしか考えていません。

ところで、G8サミットに集まる国々は二十世紀初頭、つまり百年前からほとんど変わっていません。たとえば一九〇七年に開かれた第二回ハーグ世界平和会議は、小国もたくさん集まりましたが、主要国はやはり現在のG8サミット参加国とほぼ同じです。さらにわかりやすいのが一九〇〇年に北京で起こった義和団の乱、あるいは北清事変のときです。乱鎮圧のため出兵した八カ国は、日本、イギリス、アメリカ、ロシア、フランス、ドイツ、オーストリア、イタリアと、現在のサミット参加国とほぼ同じです。

しかしこれ以降、中国は大きく変わります。このとき講和を定めた「北京議定書」により、中国は半植民地化しました。自国で乱が起きたのだから仕方ありませんが、百年後の今日、その中国もここへ来て大きく力をつけ、最近はG8とかG20といったサミットに、ほとんど主役として参加するようにさえなっています。

二〇〇八年に北海道で開かれた洞爺湖《とうやこ》でのG8サミットでは、中国はオブザーバーとして招かれました。地球環境問題その他で発言する機会がありましたが、一方で中国は「針のむしろ」に座らされる可能性がありました。当時チベットでの大反乱が起こっていたし、間近に迫った北京オリンピックを「人質」に取られていました。各国はこの機会にいいたいことを全部いおうと、中国を招き入れた可能性もあります。

まさに〝茶坊主外交〟そのもの

しかし、ここで胡錦濤国家主席が賢かったのは、早々と当時の日本の福田首相を抱き込む作戦に出たことです。ホスト国の代表である福田首相は、当時のブッシュ大統領と胡錦濤国家主席の機嫌を害さずにすむよう、またヨーロッパのうるさ方が文句をいったり、正面きって悪口をいわない会議運営に汲々とするばかりでした。まさに〝茶坊主外交〟そのものでした。表面的な会議の「成功」を期するため、アメリカにも中国にもいい顔をして、一方でヨーロッパには会議の運営などに文句をつけないように頼み回り、世界中にたくさんの借りをつくりました。

当時のアメリカの金融政策の失敗によるサブプライム問題や投機マネーが世界中で原油価格をどんどん吊り上げ、アメリカが始めたイラク戦争も泥沼化していました。北朝鮮の核問題も解決していない。だからといって日本は、これらについてアメリカの責任を追及することは口が裂けてもできない。一方で中国に対し、早々と北京オリンピックへの参加を公言し、チベットの民主化を要求するといったこともできない。

このような気を使いまくる外交を欧米人は「neurotic diplomacy」といいます。神経をすり減らすばかりで、何の国益にも結びつかない。日本はサミットの議長国になることで、ふつうは向上するはずの自らの国際社会での地位を引き下げただけでした。これは洞爺湖サミットに限らず、日本の「哀しい戦後」が作り出した宿命といえます。ここまで来たらもう、それをいますぐ全部ひっくり返すというのは、大変なことです。

「第三グループ」では生きていけない

二十一世紀の大国による新しい秩序がだんだん形成され、アメリカという超大国と中国やロシアなど第二グループの他の大国の差はだんだん詰まってくる中、日本の位置はもう第三グループに入りつつあります。もっとも、「それもまたいいではないか」というのが、自民党であれ民主党であれ、いまの日本の政治家や国民の大半の国家ビジョンかもしれません。お隣の韓国、あるいは東南アジアの国々は、さらにその下のランクに位置するわけですから、これらいわば「天井桟敷《さじき》の観客」としてしか参加できない国々よりはいいだろう、というわけです。

しかし「下向きの目線」はよくない、と思います。むしろ大国同士で猛烈にせめぎ合っているいまこそ、上の方を目指すチャンスでもあるからです。そもそも日本がこのままでいいはずありません。日本はアジアでは中国をバランスする国でなければならないし、世界に対しては人権や民主主義といった普遍的な価値観を旗として掲げていく国でなければならない。つまり「つねに一番を目指す」という心意気をなくしてはならないと思います。

さらには「アメリカに守ってもらう」といった依存体質から着実に脱却していって、宇宙開発にしても自分で独自のＧＰＳシステムを持つために自ら多くの人工衛星やスペースシャトルを打ち上げ、希望を持って世界の頂点をめざす国でなければなりません。他の国の宇宙船に乗せてもらって宇宙へ行くというのは本来、第三グループ以下の国のあり方です。大国は皆、自ら宇宙船を打ち上げています。

これは財政的にも大変厳しい道です。それでもそれを目指しつづけるのか、あるいは「大変だから」と放棄してしまうのか。日本はいま、この分岐点に立っているのです。あくまで第二グループに留まりつづけようとするのか、それともその地位を放棄してさらに脱落してもよいのか。もし放棄する側を選ぶなら、もうサミット開催などやめたほうがいい。お金がかかるだけです。どのみち日本の声など届きませんから、アメリカかイギリスに頼んで日本の主張をサミットで代弁してもらうほうが賢明です。

第三グループでよいのなら、国立大学も、こんなにたくさん要りません。科学技術だって、みんな外国からもらえばいい。多くの分野で日本独自に科学技術水準を上げる努力は必要ありません。そんな科学技術予算があるなら、後期高齢者医療などに回せばいい。

あるいは少子高齢化だって、それほど心配する必要はありません。人口が減っても、とくにかまわない。一億何千万人もの人口というのは、列強つまり大国のサイズで、第三グループでいくなら、もっとスリム化したほうがいい。実際、少子高齢化については、そういう議論もあります。

ただ日本は、そんな道を生きることはできないと私は思っています。日本はやはりアイデンティティ、文明、精神構造の独自性が「大国側の国」なのです。たどってきた歴史、東アジアに君臨する帝国であるという古代の日本、『古事記』『日本書紀』の中に描かれている日本は当然、「大国側にいる日本」のイメージです。中華帝国の皇帝に対しても「日出づる処《ところ》の天子、書を日没する処の天子に致す」と書く国なのです。

いまから千四百年も前に、自分を超大国と考える国に対し「あなたも私も対等だ」と胸を張り、「あなたのところは日の没する国です。われわれは日出づる国です」と皮肉までいって、大変立派な外交をやっているのです。

第三グループで満足できる国には、こんなことは到底できません。中華皇帝の前に這いつくばって三跪九叩頭《さんききゅうこうとう》の礼《れい》をやるしかない。日本は元来、そんな国ではなかったはずです。たしかに、いまの日本はワシントン相手にそれをやっていて、今度は北京相手にそれをしようと考えはじめている。しかし日本という国は本質的に、いくら楽ちんでもそちら側の国になど死んでもなれない国なのです。もしなれるんだったら、すでにアメリカの五一番目の州になるか、「東アジア共同体」の中に溶け込んでいるはずです。

政治家は逃げようとしている

日本はアジアでも西洋でもない、世界の七大文明の一つだと私は思っています。中華、ヒンズー、イスラム、西欧キリスト教、スラブ正教文明といった世界の大文明圏に対抗してきた文明を核としている日本は、どうしても大国側のグループに入るしかない。それが日本の宿命でもあるのです。

もちろん、それは大変です。だからこそ政治家は「弱者に優しい日本」「少子高齢化に対応できる日本」「安心の社会保障を備えた日本」などといい、かつての大国から、その他大勢のほうに逃げようとしている。つまり第三グループのほうへ脱落しはじめているのです。

しかし数百年、一千年という単位の文明史的視野からいうと、やはり日本は先に述べた世界の三重構造の中でもつねに上を目指す「大国の側」に入るしかないのです。

たしかにいま、日本の命運は、すべて自分で決めることはできません。たとえば決定的なのは財政問題で、財政は国際金融市場に依存します。公的債務が一〇〇〇兆円を超える日本の財政は、長期金利が二パーセント上がると崩壊します。原油が二〇〇ドルにならなくてもお終いです。

また原油問題でいえば、かつて福田内閣の下で二〇〇八年の春頃、日本は暫定税《ざんてい》率問題に絡んでガソリンが二〇円安くなる、ならないと大騒ぎしましたね。本来、円高や原油高の原因を何とかしようという国際政治上の努力はせず、国内で選挙のための党利党略が絡むと二〇円をめぐって右往左往する。これは国としても自己統治能力が欠如していて、もしあんな時代を繰り返していたら、日本はとても大国の地位を保つことはできないでしょう。そのための意志や意欲さえなくしてしまいます。ここが、いまの日本の一番決定的な危機でしょう。

今日は日本という国家はいま奈辺《なへん》にあるか。大きな図柄でお話ししましたが、後半は少し政治論になりました。今日はこのへんでやめることにします。

第六講

日本文明が生き残るために

冷戦後の世界秩序のイメージ

最後に、二十一世紀の世界秩序について、後期の講義への導入部としてお話ししたいと思います。

冷戦が終わったことで、世界では新しい大きな流れが始まった、といわれました。ただし、どういう流れが始まったかは、具体的にはいまだに定かでありません。日本の学者はこうした大きなスケールの話をほとんどしませんが、やはりアングロサクソンの学者はこの二十年余り、ずっと議論してきました。

その一つの議論として、グローバル化による「歴史の終わり」という見方があります。日本でもよく「グローバリゼーションの時代」という声があります。あるいは「世界の民主化が進む」という議論もあります。

これは、ベルリンの壁が崩壊した頃（一九八九年）に『歴史の終わり』という論文を書き、のちに本としてベストセラーになったアメリカの国際政治学者、フランシス・フクヤマの唱えたモデルです。

冷戦構造では西側と東側、つまり「資本主義・自由主義」と「共産主義・社会主義」の二つの陣営に分かれて対立しました。冷戦の終焉は東側、つまり共産主義やソ連圏の崩壊を意味しましたから当然、西側世界の自由主義や資本主義が世界中に広がることになります。もっとも、今日では資本主義という言い方はあまりせず、「市場経済」あるいは冷戦後は「アメリカ型資本主義」とか「新自由主義」と言い換える人も増えています。

つまり市場経済と民主主義が同時に、そして一気に世界中に広がるというのが、フクヤマのいうグローバリゼーションであり、いわゆる「世界新秩序」だったのです。そこでは、もはや覇権争いをする国、つまりアメリカに挑戦するような国は現れない。これをフクヤマは「歴史の終わり」といったのです。

フクヤマのいう「歴史」は、思想や価値観といった根本問題をめぐり、大勢力と大勢力がぶつかり合うことで進んでゆく、というものです。その典型が、たとえば冷戦であり、第二次世界大戦や第一次世界大戦でした。それは世界の覇権に関わるような根本的なイデオロギーの対立のことで、それがなくなると歴史はもう終わりだ、というのです。

これはヘーゲルのいう弁証法的な歴史観を下敷きにしたもので、正邪、白黒、善玉悪玉、あるいは最後まで妥協しない二つの徹底的な対立勢力がぶつかり合い、その衝突によって世界史が大変動し、展開してゆく。こういう過程を大文字の「歴史」とフクヤマはいうのです。

したがって大対立、大テーマがなくなった時代には、当然もう「歴史」はない。あるのは細々とした個別の小さな「ニュース」だけである、というわけです。

選挙でどこの国の政府が変わった、貿易問題でこういう摩擦が起きている。環境問題でこんな議論が起こってきた。世界がデフレ気味で経済が下向きになってゆく。そんなことは世界史的に見ればまったく大した問題ではない。つまり退屈な日常がダラダラと続いていく。それでも世界の大枠はけっして揺るがず、市場経済と民主主義から外れる勢力は徹底的に世界秩序から孤立し、叩かれる。これが「歴史の終わる」イメージです。

これほど観念的ではなくとも、日本人の多くもこの二十年間「冷戦の終わり」が叫ばれたあと、二十一世紀の世界を何となくそう考えてきたところがあります。

一国で一つの文明圏を形成する日本

一方、そうではないという議論もありました。たとえば「文明の衝突」論もその一つです。

これは冷戦が終わった直後、二十一世紀の世界はどうなるかを記したサミュエル・ハンチントンの論文（『フォーリン・アフェアーズ』一九九三年夏号）から生まれたものです。それが一九九六年に本になり、世界的なベストセラーになりましたが、最初に論文として発表されたのは九三年です。

ハンチントンはハーバード大学の、やはり国際政治学の教授で、一九六〇年代にはケネディ政権で補佐官としてホワイトハウスで仕事をしていた。一九二七年生まれで、二〇〇八年に八十一歳で亡くなりました。そういう経歴の国際政治学者が、一九九三年に満を持して「冷戦後の世界は諸文明の対立・摩擦・衝突で彩られる。それが世界秩序を動かす」と語ったのです。

ハンチントンのいう「諸文明」とは、キリスト教文明、イスラム文明、ヒンズー文明、中華文明、ロシア正教文明、そして日本文明などです。つまり日本も、一つの国で一つの独自な一大文明圏を形成している、といっているわけです。それは、先に私が論じた日本文明論とほぼ同じ見方です。これは何もハンチントン独自の見方ではなく、二十世紀前半に文明史家として世界的に有名だったトインビーやバグビー、あるいはシュペングラーらも、日本は他のアジア諸国とも異なりそれ自体一つの大きな独自な文明の体系を持つ、といっています。そう聞くと、たしかに戦後生まれの日本人にとっては、やや奇異な感じがしますが、これがいわば世界の常識なのです。

それ以外にラテンアメリカやアフリカ、ロシアをどう見るかという問題があり、ロシア正教圏は一国ではありませんが、欧米とはまったく異なるロシア文明圏ともいうべき文明がある、としています。同じキリスト教でも、東方キリスト教文明圏あるいは「スラブ文明圏」といった言い方をしたり、ロシア・ユーラシア文明ともいいます。

またラテンアメリカやアフリカのサハラ以南、いわゆるブラックアフリカをそれぞれ一つの独自な文明として見るかどうか、という問題では論争もあります。ちなみにサハラ以北の北アフリカは、イスラム文明圏に入ります。

キリスト教文明圏のサバイバル

ハンチントンが描いたのは、先に述べたようにトインビーの文明論を下敷きにしたものです。前述のようにトインビーは二十世紀前半のイギリスの文明史学者で、世界七大文明論を説いています。六大文明、あるいは八大文明ともいわれますが、基本的には七大文明です。トインビーの主著『歴史の研究』という本に書かれたものので、原書でこの本は十数冊というボリュームがあり、だいたい一九五三年から六六年ぐらいの期間で完成しています。

トインビーに先駆けて二十世紀初頭、一九一〇年代に登場したドイツのシュペングラーは、もっと複雑な世界の文明地図を提起しました。一九一八年に『西洋の没落』という本で一世を風靡した人です。

つまり二十世紀前半の人たちは、世界は七つ、あるいは六つないし八つの大文明から成っていると考えていた。そして、いずれもそろって日本文明をその一つに挙げています。そういう世界の文明地図を前提に、ハンチントンは冷戦後の世界秩序、つまり二十一世紀の国際関係を動かすものは、文明と文明の対立、対峙、摩擦、衝突であると考えたのです。

そして彼自身は、アメリカもその一部であるキリスト教文明圏のサバイバルのために、国家としてのアメリカは国際政治においてその力をセーブして使うべきだという主張です。パクス・アメリカーナの名のもとで「世界の民主化」などを振りかざして世界中に介入して回るのはよくない、というわけです。

あるいは、バルカン半島などではイスラム文明と西洋キリスト教文明、東方キリスト教会が出会うことからとくに紛争が起こりやすい、なぜなら三つの異なる文明が出会う地域は必ず恒常的な紛争地帯になるからであり、そうなると、そこから長く国際関係を緊張させる要因が波及してゆく、といったことも書きました。

事実、その後に起きたボスニア紛争やコソボ紛争は、すべてこのパターンです。これらの紛争は、今後おそらく何度も再燃すると思われます。そして二〇〇一年の「九・一一」から始まる同時テロの時代も、このハンチントンの議論は言い当てていました。

ですからハンチントンは自分の予言が当たったことで、逆に動揺したといわれます。つまり「悪い予言」が当たってしまったからです。そのせいか晩年は、あまり文明の衝突論をいわなくなりました。

アンチ・グローバリゼーションに向かう世界

では実際のところ、冷戦後の世界はどうなるのか。私の見解では、まずフクヤマのいったような「グローバリゼーション」は終わりはじめていると思います。私もハンチントン同様、いずれ世界は文明単位でまとまるものだと考えます。しかし必然的に文明の衝突が起こり、それが世界政治の根本テーマになるとは思いません。

たとえば西ヨーロッパとアメリカを見たとき、西ヨーロッパはＥＵ（欧州連合）として一つになろうとしていますから、アメリカはこれにどう対処するのかというと、フクヤマのようなイデオロギーや経済システムを重大ファクターとしてとらえると、今後のアメリカはヨーロッパと対立する可能性も考えられます。

しかし西ヨーロッパとアメリカは、同じキリスト教文明圏と考えれば一つです。ただし西ヨーロッパ・キリスト教文明圏の中に、当然アメリカもカナダも入ります。ただしメキシコは入らない。そう考えるとリオグランデ川、つまりアメリカのテキサス州とメキシコとの国境が、世界の文明圏の境界の一つになります。したがって米欧がイスラム圏や中華圏、ラテンアメリカ圏と対峙しているかぎり、アメリカとＥＵが抜き差しならない対立をすることはけっしてないと思います。

東シナ海の日中中間線も、日本文明と中華文明の大きな摩擦と対立の境界になります。朝鮮半島やベトナムはどうかといえば、これら諸国はやはり中華文明圏で儒教圏だ、とハンチントンはいっています。

このあたり、私はハンチントンの区分けについて、少し疑問を感じています。ハンチントンの特徴は、キリスト教やイスラム教、ロシア正教、ヒンズー教といった宗教や、儒教のような道徳など、精神文明に大きく文明のメルクマール（指標）を見出そうとしている点です。これがはたして適当か、という批判は、当初からありました。

日本に関しては、中華文明や西洋文明の影響はあるものの、根本的に神道や皇室など二千年の日本の伝統は揺らいでいない。それから、日本古来の法治主義。これらを指してトインビーやハンチントンは、日本文明が他のアジア諸文明とは異なる独自性の核心だといっています。

世界の文明地図をどう考えるかは一つの問題ですが、そういう細々した各論を脇に置くと、この「文明の衝突」論は、世界はやがてグローバリゼーションの流れを反転させ、脱グローバル化あるいはアンチ・グローバリゼーションに向かっていることを意味している。典型的なグローバリゼーション論である『歴史の終わり』とは異なっており、同じアメリカの国際政治学者の唱えたものですが、彼らが提示する、二つのモデルはそれぞれ相反しています。

私はこの点では、ややハンチントンに近く、たとえば二〇二〇年代にはほぼ間違いなく「グローバリゼーションの終焉」がやってくると思います。では、そのとき世界はどんな方向へ向かうのでしょう。

「違い」が活力の源泉になっている

おそらくハンチントンがいいたかったのは、こういうことでしょう。「冷戦構造で東西二つに分かれて対立していた世界が、冷戦の終焉によって『一つ』になった。ということは、その一つの中に、いくつも複数の世界ができる、ということになる」と。

私も「統合と分裂の不断の繰り返し」という近代文明の根本要因を考えれば、必然的にそうならざるを得ない、と思います。

この議論は自然科学をやる人には、よくわかると思います。何かと何かが合わさって一つになったとき、その一つの中で今度は逆のベクトルが働いて、バラバラになることは少なくありません。分子運動にせよ、政治の世界で語られる大連立にせよ、大きな一つの単位ができたら、必然的にその中でいくつもの小単位への分裂と新しい対立が自然に生まれてくる。

とくに近代物質文明の中に生きる人間の世界では、人との差異を示したり、他者と対立や競争したりしないと気が済まない。「俺とあいつは違う」という発想をしないと元気が湧かないし、相手との生きた関係を結べません。つねに「われわれ」と「奴ら」で違いをつくることが、活力の源泉になるからです。「みんな同じで和気あいあいとしてハッピーにやろう」と志向する集団は、必ず活力が衰えいずれ淘汰されることになります。

もし『歴史の終わり』のようなイメージで世界が一つになったとしたら、同時にその大きな一つの中で、新しくいままでとはまったく違った対立軸でバラバラになる。これは人間文明、あるいは人間という「集団の動物」として、つまり種としての避けられない宿命であり、種の生存そのものが要請する集団の哲学でもあります。

人間の集団化は必ず複数の他の集団を生み出し、その間に対立関係を作り出し、よくいえば互いに切磋琢磨、悪くいえば覇権闘争が行われる。そしてこのような中でこそ、人類文明は成長してきたのです。

大脳生理学者などは、よく次のようにいいます。人間の頭の中に、ある衝動、たとえばフロイトのいう「リビドー」という本性が動物の本能として埋め込まれている。だから人類は火を使い、二本の足で歩き、あるいは余剰の食料を確保しようとする農業を開発し、集団や国家をつくり現代に至っている。

このような人間観で世界を見ているのが、サミュエル・ハンチントンでしょう。ハンチントンとはやや立場を異にしますが、私も「永続的なグローバリゼーションなど起こらない。そもそも現代文明は、国家を超えて決定的な秩序を支える実体を持たない」と思います。そのことをハンチントンは彼独特の文明観で、世界が一つの単位になることは決してなく、冷戦の終わりは即、世界がいくつもの文明圏同士で対立し、覇を競い合い、摩擦を続けることを意味すると考えたのです。異なる文明が並存する、ということは互いに異なる世界イメージを持ちながら、その異質なもの同士が共存し、向き合わざるを得ない。そこに共存共栄の可能性もあるが、摩擦と対立の可能性のほうが多かれ少なかれ、どうしても高まってくるでしょう。だからこそ、こうした危うい可能性をいかにして低減させるか、二十一世紀の世界はつねに緊張感をもって取り組まれなければならないのです。

いずれにせよ、「異質な世界」が複数あり、その間にいかに永続的なバランスを保ってゆけるか、ということでしょう。

この一つひとつの「世界」がそれぞれ単位となって、共存とともに対立を繰り返さざるを得ない時代が、残念ながらまだまだ続くからです。私は、ハンチントンとは違い、この単位が「文明」ではなく「国家」だと思うのです。つまり、再び「国家」が浮上すると思うのです。国連やEU、「東アジア共同体」に夢を託すのもいいでしょう。しかし、現実には「もしも」の可能性が依然として大きいことを忘れてはならないのです。

「文明は接近する」という考え

たしかに他方で、最近は別の議論も出てきています。かつて、宗教に基づく文明伝統が大きな力を持っていた。そして二十世紀はイデオロギーが対決する時代だった。つまり自由主義か、共産主義かという抽象的な価値観で争ったわけですが、結局のところ、これもまた文明の一つの形だとすれば、つまるところ文明が重要な意味を持ちつづけているわけです。

しかし、文明はまったく変化しないわけではない。融合や接近もある。こうした考えが近年、出てきました。有名なのは、二〇〇七年にフランスの学者エマニュエル・トッドらが出した『文明の接近』です。日本でも二〇〇八年に藤原書店が翻訳本を出しています。

トッドの議論は、キリスト教圏とイスラム圏だけを扱っています。そのなかで、彼らは文明は衝突するのでなく、互いに似てきて、だんだん違いがなくなる。併存や共立するだけでなく文明は「接近する」と述べている。

これは、ハンチントンの議論の正反対です。ただしキリスト教圏とイスラム圏にしか触れていないので、イスラム社会をそうとう勉強していないと評価を下すのは難しい。二つの文明のみを取り上げていますから、ハンチントンの『文明の衝突』に比べると視野は狭いけれども、この二つの文明圏の間で最近起こっている変化をもとに、いろいろな視点から両者が接近していると論じています。

日本ではあまり話題になっていませんが、これは、経済的契機を過度に重視した従来のグローバリゼーション論とはまったく趣きの違う、別の系統のグローバリゼーションの議論といえます。政治体制や市場や経済システムが同じになって、人々が国境を自由に行き交うから異なった文明もやがて同じになるというのではなく、文明独自の構造が似てくるといっているのです。

あるいはまた少し別の議論では、キリスト教文明はキリスト教文明で独自の変化を遂げつつある。教会に行く人がどんどん減り、家族の数も減って一人ひとりがバラバラに生きている。日本人のいう「個人の孤立」であり、キリスト教的にいえばキリスト教の理念や道徳、人間観が西欧社会で崩れつつある、ということになります。

同じような変化は、イスラム圏でも起きている。キリスト教の聖書とコーランが合体して一つの教典になるという話ではありませんが、両者が徐々に同じ方向を向いて変化することで接近してくる。要はそれぞれが文明の核を失いつつあり、その結果似てくるというのです。

トルコはなぜEUに入れないか

ハンチントンは『文明の衝突』で、いろいろな議論を提起しました。それに対し、この『文明の接近』論をはじめ、いろいろな反論が起こったわけで、その意味で『文明の衝突』は、冷戦後の世界についての一つのモデルとして非常に大きなインパクトを与えました。

先に見たように、ハンチントンの議論は冷戦後の世界は一つになるのではなく、バラバラになるというものです。たしかにアインシュタインの特殊相対性理論にも、このような考え方が出てきます。すべてのものは、絶対に一つにならない。二つに分かれていた世界が一つになるような潮流ができれば、ただちにそれに対抗する、より小さな単位で世界を細分化しようとする力が働く、というものです。

その一つが、二十一世紀の国際秩序の基本構造は、地域統合になるというものです。ここでいう地域は、ヨーロッパやアジア、中東、南米、アフリカなどで、一番代表的なものはＥＵ（欧州連合）の統合です。アジアならＡＳＥＡＮ（東南アジア諸国連合）や東アジア共同体論で、北米の自由貿易圏という動きが非常に注目された時期もありました。これはいまでもＮＡＦＴＡ（北米自由貿易協定）という一つの地域貿易圏システムとして残っています。

こういうものができているのだから、地域統合の時代がどんどん進んでくる。そして、やがて各地域はさらに大きな経済統合をし、経済中心に世界が一つにまとまるというイメージです。さらに国と国が別々の動きをするのでなく、国と国が一つの協力関係に入ってくる。国境を越えて協力するという意味では、グローバル化ともいえます。つまり、これは経済的グローバリゼーションの亜流といえる。

ただしそうした各地域には、何か文明ないし歴史的に出来上がった「独自性と一体性」があるから、地域統合には必ず限界があるという考え方もあります。たとえばトルコとヨーロッパの境界であるボスフォラス海峡は、いまだに「越えられない壁」です。要はトルコが、EU加盟を絶対に認められないという問題です。

トルコは長年EU加盟を望んできましたが、しかし何十年たってもヨーロッパ側は認めようとしません。理由として、トルコによる少数民族クルド人の迫害などを挙げていますが、ではスペインにもバスク人問題があります。ほかにもEU側は、トルコでは「人権が十分守られていないから」「経済構造が違い、貧しい人が多いから」などといろいろ理由をつけていますが、本当の理由は明らかです。ただし誰もそれを口にしない。つまり、トルコがイスラムだからです。

EU加盟国は皆キリスト教文明圏ですが、トルコはイスラム文明圏に入る。これらが一つになることはできません。だからトルコよりもずっと後に加盟を申請したポーランドやチェコは（キリスト教圏の国だから）EUに入ってもいいけれど、トルコは駄目となる。これが二十一世紀に象徴的な問題ではないでしょうか。

そこでトルコのEU加盟問題は、いろいろな人が世界秩序という観点から注目しています。もしトルコが正式にEUに加盟できたら、『文明の衝突』のイメージは一気に崩壊するでしょう。それほどこれは重要な意味を持つ問題なのです。

トルコは何十年もずっと門前払いを食っているのに、ポーランドやチェコのように、つい最近共産圏を脱して自由主義を採用したばかりの国が、すぐEUのメンバーになれる。ここから見るとやはり『文明の衝突』のイメージは、たしかに妥当しているように見えます。

イランの核武装が最大の脅威

トルコのEU加盟については、二〇〇四年にいったん十七年の交渉期限が終わり、二〇〇五年より交渉が始まっています。もしこの過程で加盟が実現したら、これは世界史的にすごく大きな意味を持つ話なのです。

一方、EU加盟がなかなか実現しないので、トルコ国内では多くの人がケマル・アタチュルク（トルコ共和国初代大統領）以来の西欧的近代化に幻滅して、イスラム原理主義の傾向が強くなっています。二〇〇三年には、イスタンブールのイギリス総領事館前などで六〇人以上が亡くなる爆破テロがありました。

その後もアメリカ総領事館に突入したテロリストと警官隊が銃撃戦をするなど、いまイスタンブールでテロの危険が高まっています。これはイスラム原理主義にトルコが傾いてきたこととまったく無関係ではない。ただし、トルコの大半のイスラム主義運動は非暴力の原則を貫いていますが。

トルコは、イラクやシリア、レバノン、ヨルダンといった中東の小さな国とは違い、世界史的に見ても大国です。古来、イスラム圏の大国はトルコとエジプト、さらにイランの三つです。この三カ国のいずれかが核兵器を持つことになれば、キリスト教世界は安穏としていられない、といわれています。

現在のイスラム圏で核兵器を保有しているのはパキスタンだけですが、パキスタンは国力が十分になく、ヨーロッパからも遠く、さほど脅威にならない。しかしイランは違います。歴史的に見ても、つねに大きな影響力を持った強国で、資源も豊富にある。なおかつ、西側世界に強い敵意を持っている。イランが核を持てば、西側に与える脅威は大変なものがあります。

また、サウジアラビアが崩壊しても石油問題が起こるぐらいで、イスラム以外の世界では大して痛痒《つうよう》を感じません。サウジは小さい国（人口二九二〇万人）で、イスラム教の本山・メッカの所在地ということを除けば、石油以外に世界に与えるインパクトはあまり大きくはありません。しかしエジプトにはスエズ運河があり、人口も八〇〇〇万人以上を抱えています。イランやトルコも皆、七〇〇〇万人以上の人口を抱えています。

もしこういう大国が揺らいだら、世界は大きく動揺します。ですから中東でも、地域統合の流れが始まれば、学問的にはたいへん面白い動きになるかもしれません。ただし中東にはシーア派やスンニ派などイスラム教の宗派対立がいろいろありますから、実際にはなかなか統合は難しいかもしれません。

「国家」が再び重要となる時代へ

もう一つ、二十一世紀の世界像を簡単に紹介しておきます。それは「国家」が再び重要となる時代が来る、という見方です。すなわち、世界は一つになるわけではない。しかしまったくバラバラに無秩序になるわけでもない。いろいろ動きが起こる中で、たしかに経済はグローバル化して世界は一つの市場になる、あるいは、もうすでにそうなっている。

しかし、国際秩序の基本単位としては国家が依然として一番強い。冷戦終焉後、一時は「国家の退場」などと、いろいろいわれたが、二十一世紀に入ってはっきりしてきたことは、国家の強靱性は少しも揺らいでいないということです。むしろ国家は今後、各種のグローバル化によって起こるさまざまなカオスを調整する、という重要な役割を果たす主役として、いっそう重視されることになると考えられるのです。

この見方は、国家がさらに新しい役割を帯びて浮上し、先に見た「グローバリゼーションの終わり」という議論にもつながるもので、私の見方に一番近い。つまり前述の「国家の再浮上」ということです。グローバリゼーションの流れの中から逆に国家が再び浮上するのですから、「re-emerging of state」です。あるいは「state emergence」、または「re-nationalization」といってもよいと思います。

アメリカが主導したグローバル化がひとわたり行き着くと、いずれ収束する。グローバリゼーションは過去三十年以上、経済、政治、社会、文化の大きな流れでしたが、もはやこれ以上は進みにくい、というところまで来れば、必ず反転するでしょう。

たとえば、いまアメリカが先頭に立って世界中で進んでいる金融面でのグローバル化も、もしかつてのような金融恐慌が起これば、それによって生じたカオスに対応するため、必ず国家による介入や規制の必要が見直されるようになるかもしれません。つまり、それも一つの「国家の再浮上」ということになるでしょう。

ただし、もしそんなことが起こると、アメリカの経済力は大きく落ち込むことになり、それによって生じるアメリカの力の限界は即、アメリカ軍の庇護下にある日本の危機をも意味します。

にもかかわらず、皆がのんびり構えて、遠い二〇五〇年の地球環境を心配しているのがいまの日本です。地球環境問題も大事ですが、四十年も先のことなど、はっきりいって誰もわかりません。

しかも環境問題で基本的に重要なのは、新エネルギーに関する議論です。二酸化炭素を出さない新しいエネルギーを、いかに開発するか。原子力発電の問題から、海底での水力発電や宇宙船利用といった荒唐無稽《こうとうむけい》な話も含め、いま「新エネルギー論」が盛んです。風力やバイオエタノールで石炭・石油火力エネルギーを代替するという議論もある。たしかに石油会社は「石油の時代はまだまだ続く」といっていますが、多くの人は聞く耳を持たなくなっています。

いずれにしても、この先、大きな金融危機が起こると、アメリカの力はいっそう低下に向かい、もっぱらアメリカの軍事力に依存してきた日本の安全はいっそう危うくなります。深刻な金融危機やアメリカの衰退が起こるかどうかは別にして、日本も、やがて自国の防衛は自分自身で考えねばならない時代がどうしてもやってくると思います。つまり、ここでもやはり日本という「国家としての単位」がかつてなく重要な時代の流れになる、ということです。

「官から民へ」でなく「民から官へ」

しかし、どの新エネルギーに代替するにせよ、その開発を「誰が」進めるのかという問題があります。たとえば「二〇三〇年代には新エネルギーが実用化する。だから二〇五〇年にはこれぐらい二酸化炭素排出量を減らせる」といった、新エネルギーの実用化を当て込んだ議論があります。そのための研究を進め、経済ベースに乗せるには、「誰か」がおんぶに抱っこで世話しなければなりません。

それができるのは、国家だけです。国連にそんな予算はありませんし、ましてやG8サミットにそんな力は全然ありません。各国の政府がそれぞれの国で後押しするしかないのです。結局、ここでも各国政府の役割が画期的に浮上する。もちろん、かつての姿とまったく同じ形ではありませんが、政府つまり「民から官へ」の時代が再び始まらざるを得なくなってくるでしょう。

たしかに、われわれの日常の話では、まだまだ「官から民へ」が正論として通っています。仕事を民間に出し、お役所仕事を減らしていく。行政改革を進める。日本での流れはまだその方向です。しかし「国家の再浮上」という二十一世紀のより大きな潮流を考えたときに、たとえば五年先、十年先に人々の意識は、「民から官＝国家」にシフトするといった長期的視野を考慮に入れなければなりません。

インターネットはアメリカの覇権用インフラ

私はずっと以前から、世界秩序の大きな流れは、グローバリゼーションからやがて「国家の再浮上」へと向かう可能性が高い、と繰り返しいってきました。ところが、日本ではとくに国際政治学者たちが短期的な流れに目を奪われてこうした視野を持てず、永遠にいまのグローバリゼーションの流れが続くものと誤解し、時には性急すぎるテンポで「改革」と称して国家の力を弱める方向の議論をしてきました。現在の日本が立ち往生している大きな原因の一つは、ここにあるのです。

先ほどの地球環境の話にしても、たしかにそれは一国だけで解決できる話ではありません。世界全体が関わる問題です。気候変動は、人類的あるいは全生物的インパクトを与えます。

しかしそれを解決するには、どういう方法があるか。各国が自国内で税金を集め、意思決定をして法律をつくり、違反する人を処罰して、長期的に継続性を持たせる。一回決めたことは、三年経っても五年経っても、目的を完遂するまでやりつづける。各国がそれぞれにこうしたことができなければ、地球的規模の問題は解決できません。グローバル・イシューといっても結局、その解決の取り組みを具体的に遂行できるのは、国家しかない。

あるいはわれわれは日々インターネットを、お手軽な情報ツールとして使っています。しかし、国境を越えて情報をやり取りするインターネットというインフラをつくり、運営しているのは、国連ではありません。このインターネットは、アメリカ合衆国・戦略空軍通信司令部が作り出したシステムです。もともと核戦争が起こったとき、全世界のアメリカ軍が通信で途絶しないためにつくった「アメリカの、アメリカによる、アメリカのためのシステム」です。つまり、アメリカの軍用ネットワークをいまやタダでわれわれに開放しているわけです。

日本はアメリカがつくったシステムにただ乗りしているわけですが、なぜアメリカがそんなことをしたのか。それはアメリカの国益に役立つからです。もっといえば、これは「アメリカの覇権のためのインフラ」なのです。

われわれがネット空間で世界の人と通信できるのは、たとえば太平洋の深海底に私の身長ぐらいの太いケーブルが通っているからです。押したキーが電子信号になり、プロバイダーを経由して、発信基地に行く。世界のネットワークは文字通り網の目、クモの巣になっています。情報が太平洋を越えるとき、この太いケーブルが使われます。あるいはアメリカの人工衛星を使い、太平洋の向こうの北米大陸に届けられる。中国、ヨーロッパ、東南アジア、中東、アフリカの場合も同じです。ですから、アメリカ政府は世界のＩＴ通信を好きなだけ「盗み聞き」もできるわけです。

他方、しばしば日本海や太平洋に、不審船が現れますね。船はそのとき、深海底に敷かれている大きなケーブルに細工をしているかもしれない。そこでアメリカの監視船がハワイの真珠湾から日本の海へ向かい、たえずそうした細工の有無を確かめ、インターネットを守ってくれているのです。

こういう秩序維持活動がなければ、インターネットシステムはあっという間に誰かに破壊されるでしょう。それこそ「九・一一」以降は、誰がやってもおかしくありません。アメリカの活動により、われわれは支障なくインターネットを使えるのです。

自前のGPSシステムを持つ国は核を保有している

　また日本人が乗るクルマには、この頃は当たり前のようにカーナビゲーションがついています。これを一〇万、二〇万円で買ったと自慢げにいう人もいますが、これもアメリカのシステムに「おんぶに抱っこ」したものです。カーナビはGPS（汎《はん》地球測位システム）を使って自車の位置を知り、目的地へ案内します。このGPSもアメリカのシステムで、要するにアメリカ軍の通信機能から派生したものです。

　一方、ヨーロッパのカーナビは「ガリレオ」という衛星システムを使っています。ロシアは「グローナス」、中国は「北斗」というそれぞれ独自のGPS衛星システムをつくろうとしています。まだ実用化されていませんが、毎日たくさんの人工衛星が打ち上げられていますから、やがて使えるようになるでしょう。要するに、先に見た第二グループに属する各国が超大国アメリカと対峙し、アメリカを追い上げて、アメリカと覇権的な競争をするために何とかして自前のシステムをつくっているのです。

さらにいえば、この自前のGPSシステムを持とうとしている国は、すべて核兵器も保有しています。しかもその核保有はNPT（核拡散防止条約）によって認められています。さらにこうした国は、国連の常任理事国でもあります。つまり、すべてにおいて自立できる国です。それがアメリカと競争関係になってくる。これはたんにシステムの問題ですが、インフラ面での国家安全保障問題でもあります。

つまり、ここでもグローバルな一体性だけではなく、むしろ各々の「国家の再浮上」が新しい流れになってきているということです。

インターネット上の安全保障も同じです。自国で使っているインターネットがハッキングやサイバー攻撃に遭わないセキュリティ・システムをつくる。あるいは暗号解読をされないためのシステムをつくる。これらを一所懸命やっているのは、やはりいま挙げたような国々です。

こういう国は、明らかにアメリカを追い上げようとしています。中国は核戦力や宇宙軍事能力でアメリカに急速に追いついてきています。ロシアは核戦力では、アメリカを上回りつつある。石油の急騰で国家収入が四倍増、六倍増していますから、いまロシアは軍事予算も毎年二倍増から三倍増になっています。日本のマスコミはこうしたことをほとんど報道しないから、国民はまったく無関心になっているのです。

中国も軍事予算は一年で十数パーセントないし二〇パーセント増やしています。両国とも急速に「追いつけ追い越せ」と軍備増強に力を入れています。「誰に」といえば、もちろんアメリカにです。

つまり、世界は多極化してきた、といわれますが、より正確には不安定な「一超多強」構造になってきているのです。一つの超大国があり、たくさんの大国、つまり国連安保常任理事国であり、核保有国であり、独自の宇宙ナビゲーションシステムを持っている国がある。これらの多くは先にいった「第二グループ」の国々ですが、当然ながらこのグループには、外国に防衛を全面依存するような国は一つもありません。

彼らはエアバスなど大型旅客機も自国で独自につくっています。中国は五〇〇人乗りの大型旅客機を開発しようと政府が大々的に後押ししていますし、ロシアもイリューシンシリーズはもう世界で信用がないから、まったく別のものをつくろうと莫大なお金をかけています。これらの国々は、日本のように何でも金を出して外国から安いものを買ってくればいい、とは絶対に考えません。これを「フルセット自前主義」といいます。

日本も高度成長期にはこうしたやり方をしようと努力していたのですが、平成に入って「これからはもう一方的にグローバル化する世界だから、自前主義はナンセンスだ」と考えてしまったわけです。

いまの日本は、大型旅客機一つ取ってもアメリカのボーイングを買うだけです。日本もかつてはYS-11というジェット旅客機をつくっていました。ところがYS-11の次世代機をどうするかという話になったとき、ちょうどグローバリゼーションが言われ出した頃で、「世界から買えばいい」となってボーイングを買うことにしたのです。日米経済摩擦の緩和にも役立つからと、これ以後「日の丸ジャンボ機」をつくるという話はやめようとなった。日本は、二十一世紀をにらんで世界の動向をじっくり考えるべきだったのに、目先のグローバル化を永続的なものと誤解したため、国として大切なところでも自前主義を放棄したのです。

「and the rest」の道

これが平成の日本の凋落《ちょうらく》していく大きな流れと軌を一にしていました。一九九〇年頃のことで、なぜかここから日本の凋落が急速に始まりました。

やはり「一番でなくてもいい」と思えば、二番、三番にも留まることができなくなるというのが人間の世界でしょう。「一番でなくていい」と思うと、たちどころに一〇番、二〇番になる。それが世界秩序というものです。これは受験競争でもわかりますね。やはり「トップをめざす」「すべて自前のシステムを使う」「外国におんぶに抱っこはごめんだ」と思える国しか、興隆はしません。

あなた方はもう知らないと思いますが、高度成長期の日本では、何に関しても必ず「世界一の国になるんだ」という気概を持っていました。戦争で負けてボロボロになったけれど、日本はそれだけのポテンシャルを持った国だ、という根底的自信はあったと思います。

国家として成り立つために、いまの日本はいつの間にか何か根源的なものをなくしているのです。あるいは「別に大国にならなくてもいい」と考えるようになっている。「一超多強」というけれど、たしかにあえて第三グループになるという道もある。第三グループとは国際政治的にはまさに「その他大勢」で、「and the rest」です。「rest」つまり休めるのですから、ゆっくりのんびり、優しくやっていく。国際社会の大衆庶民になろうというわけで、たしかにそういう国家像もあり得ます。

「多強」に残るために歯をくいしばって頑張る

こうして見ると、いまの日本には二つの選択肢があります。一つはもう頑張らず、第三グループに脱落してもよいのではないか、というもの。もう一つは、やはりそれではダメで、「一超」は無理だとしても、「多強」つまり第二グループには何としても残るんだ、と歯をくいしばって頑張るというもの。

「多強」になるために、日本も独自のGPSを持つ、あるいは必要とあらば核開発や核武装も考えるべきだという議論ですから、これはたしかに覚悟が要ります。あるいは核武装とまではいかずとも、日本独自にミサイル防衛を行い、軍事予算も大幅に増やす。その他のことでも、アメリカに完全な「おんぶに抱っこ」はやめよう、先端技術もみんな日本で特許を取っていこう、というわけです。これは下手をすると、外からは「危険なナショナリズム」とも見なされます。ですから、その場合、アメリカやアジア諸国の説得や調整も不可欠な課題となるでしょう。

おわりに　地球市民社会は出来上がるか

結局、今後世界はどうなってゆくのでしょう。そのかなりの部分は、インターネットの普及と関わってくるでしょう。しかし、このインターネットの世界も、各国家の言語、個別民族文化と深く関わっています。たとえば中国語のネット空間は、日本語のネット空間に比べ、ものすごく使いやすくなっています。人工衛星「北斗」も備え、各種の検索エンジンが急速に普及してくるでしょう。

日本はやがてアメリカのGPS依存をやめて、中国の「北斗」を使ったカーナビや検索エンジンを採用することになるかもしれません。となると、これはもうアメリカとは別の文化圏に入ることになるかもしれない。もしそうなると、日本は太平洋ではなく、東シナ海に属することになるでしょう。

その意味でいま日本は重要な分かれ道にあると思いますが、一方で「そんなことは大した問題ではない」という見方もあります。たしかにグローバル化はいつか終わるかもしれないが、現実に「国境を越えるグローバル社会」ができている、すでに現状そのものがグローバル化の成果の一つだ、というわけです。

政治や国家、宗教などを取り上げるから対立要因ばかり目につくけれど、それとは違うグローバルな社会が生まれており、すでにこの現実としての「グローバル社会」がある以上、もう一度後戻りすることはあり得ない。その意味で「グローバリゼーションの終わり」は成功物語の結末なのだ、という議論です。

「地球市民社会」という言い方もあります。日本のマスコミは、こういう議論が大好きですね。『朝日新聞』だけでなく、NHKなど日本の大マスコミはテレビも新聞も、こういうイメージで語りたがります。すでに「地球市民社会」が出来上がっていて、今後はこれをより充実させていくことが一つの課題だ、というわけです。「グローバリゼーションの終わり」を喧伝する人は政治や経済、あるいは文明や文化、言語といった人類社会を分ける要素にばかり注目するからそんなことをいうのであって、目を転じれば、そんなものとは無関係に国際結婚は増えているし、留学生もお互いに行き交い、国境を越えた一つの社会がもう完全に出来上がっている、あるいは一市民同士がインターネットを介して国籍など関係なく、自由に対話しているではないか。

したがってすでに地球市民社会はできている、あるいはできつつある、というのが「グローバル社会論」です。

「完全に出来上がっている」といえるかどうかは別にして、一つの趨勢《すうせい》論としてはたしかにこういう議論をよく耳にします。とくに日本では頻繁に聞きます。そんなイメージを語っても、それほど変わった見方という印象はなく、これも日本の特徴だと思います。少なくともこの十年、二十年、つねにこういう声を耳にしてきました。

このように見ると、たしかに冷戦後の世界像については、まださまざまな議論があり得ると思います。過去二十年ほど議論がなされてきましたが、どのモデルに近くなったかは見る人の眼によって、あるいは取り上げる事例によって変わってくると思います。

私の見方はすでに述べた通りはっきりしていますが、二十一世紀の少なくとも前半の五十年ぐらいは、どの趨勢が強まるのか、どの流れが最もベースになるのか。これは、私よりもうんと長生きする諸君らが自ら考えてください。ここからようやく、国際政治の勉強が始まると思います。

今後、皆さんが何十年生きるかわかりませんが、その間ずっとこのような問題意識を頭に置いてください。

たとえば、近代世界は英米覇権（アングロアメリカン・ヘゲモニー）の時代でした。その間の世界金融の動きを見ると、十九世紀にイギリスが成立させる金本位体制は、一九二九年の世界恐慌で崩壊しています。一九四四年のブレトンウッズ体制で再建されますが、一九七一年のニクソン・ショックでまた終わります。このような形で金融システムや通貨といった問題は、国際政治の覇権と分かちがたく結びついています。

今後もし、この世界金融のシステムに大変化が起これば、国際秩序や世界政治の構造は急速に変わるでしょう。

これはやはり、軍事力との関係かもしれません。米欧諸国の財政と軍事力は世界秩序に直結しているからです。アメリカとイギリスの共通点は、どちらも英語を話すというところではなく、世界の海軍力つまりシーパワーを一貫して支配している点です。世界の金融も一貫して支配しています。この二百年、一度も他に奪われたことはありません。

ものづくりや製造業や世界貿易、あるいは陸軍力、宇宙開発、ミサイル開発、核戦力などでは、アメリカがソ連やドイツ、日本などに圧倒的優位を奪われた時代もありました。でも海軍力と金融支配力は、そうではありません。

あるいは世界の通信、マスコミ、情報の世界も、十九世紀のロイター通信の時代から、一貫して英米支配の構造になっています。たとえばこれがどう変わるか、それが今後の世界の方向を知る着眼点の一つでしょう。

以上のように、前期の授業は通常の国際政治学のありきたりの教科書的な話よりも、それ以前にもっと現実の世界を考え、さらに歴史の大切さを知ってもらうため、いろんな分野に目を広げて考えてきました。皆さんがそれぞれ関心を持った分野、あるいは得意の分野に議論を敷衍《ふえん》してもらえれば、私としてはこの上ない喜びです。

著者紹介
中西輝政（なかにし　てるまさ）
1947年、大阪府生まれ。京都大学法学部卒業。英国ケンブリッジ大学歴史学部大学院修了。京都大学助手、三重大学助教授、スタンフォード大学客員研究員、静岡県立大学教授を経て、京都大学大学院教授。2012年、退官して京都大学名誉教授。専攻は国際政治学、国際関係史、文明史。1997年、『大英帝国衰亡史』（ＰＨＰ研究所）で毎日出版文化賞・山本七平賞を受賞。2002年、正論大賞受賞。
著書に『日本人として知っておきたい外交の授業』（ＰＨＰ研究所）、『なぜ国家は衰亡するのか』『日本人としてこれだけは知っておきたいこと』『迫りくる日中冷戦の時代』（以上、ＰＨＰ新書）、『国民の文明史』（扶桑社）、『帝国としての中国』（東洋経済新報社）、『日本の「岐路」』（文藝春秋）、『アメリカ外交の魂』（集英社）など多数がある。

この作品は、2011年10月にＰＨＰ研究所より刊行されたものに、大幅な加筆・修正をしたものである。

PHP文庫　日本人が知らない世界と日本の見方
本当の国際政治学とは

2014年4月21日　第1版第1刷

著者　中西輝政
発行者　小林成彦
発行所　株式会社ＰＨＰ研究所
東京本部　〒102-8331　千代田区一番町21
文庫出版部　☎03-3239-6259(編集)
普及一部　☎03-3239-6233(販売)
京都本部　〒601-8411　京都市南区西九条北ノ内町11

PHP INTERFACE　http://www.php.co.jp/

組版　株式会社PHPエディターズ・グループ
印刷所
製本所　図書印刷株式会社

ISBN978-4-569-76167-1

PHP文庫好評既刊

日本とシナ

一五〇〇年の真実

渡部昇一 著

「反日」と「覇権主義」を振りかざす隣国と、日本はどう向き合うべきなのか？　一五〇〇年の歴史からあるべき関係を読み解く渾身の論考。

定価　本体六八六円（税別）

PHP新書好評既刊

日本人としてこれだけは知っておきたいこと

中西輝政 著

近現代世界は60年周期で大変動する。戦後60年が過ぎた今こそ、日本の歴史を見直すべき時である——戦後日本の呪縛を解き放つ論考。

定価 本体七四〇円（税別）

PHP新書好評既刊

日本人として知っておきたい近代史(明治篇)

中西輝政 著

幕末以降の近代日本史を、戦後長らく教えられなかった観点から、人物に焦点をあてて講義する。日本人のアイデンティティ確立のための書。